Un peuple, oui
Une peuplade, Jamais!

- Maquette de la couverture: JACQUES DESROSIERS

- Maquette et mise en pages: DONALD MORENCY

- Photos de la couverture: ANTOINE DÉSILETS
et RONALD LABELLE

- Distributeur exclusif:

POUR LE CANADA
AGENCE DE DISTRIBUTION POPULAIRE INC.
1130 est, rue de La Gauchetière, Montréal 132 (523-1600)

POUR L'EUROPE
VANDER
Muntstraat 10, 3000 Louvain, Belgique; tél.: 016/204.21 (3L)

 2

LES ÉDITIONS DE L'HOMME LTÉE

Bibliothèque nationale du Québec
Dépôt légal — 1er trimestre 1972
ISBN-0-7759-0327-2

JEAN LÉVESQUE

Un peuple, oui Une peuplade, Jamais!

LES ÉDITIONS DE L'HOMME

CANADA: 1130 est, rue de La Gauchetière, Montréal 132
EUROPE: 321, avenue des Volontaires, Bruxelles, Belgique

*« Développer entre les nations
des relations amicales
fondées sur le respect
du principe de l'égalité
de droits des peuples
et de leur droit à disposer d'eux-mêmes . . . »*
Charte des Nations Unies, art. I,2e

SOMMAIRE

PREMIÈRE PARTIE

DEUXIÈME PARTIE

Chapitre premier

Un économiste à temps plein. La baie de Bourassa? Des cartes sous la table. Le $ US et le Québec. De palissades et de lapalissades. Planifier ou moisir dans la chicane. Régions et aires d'équilibre.

Chapitre deuxième

Puisqu'il faut des baudets ... Quand laissera-t-on nos enseignants enseigner? Nos « cerveaux géants » font une découverte. La guerre des modules.

Chapitre troisième

Une mauvaise digestion. Deux poids, pas de mesure? Le quatrième pouvoir est malade. Une émeute? Mais non, un jeu de famille! « Rien ne sera plus jamais pareil ». Les chemins de fer de la vérité. La « corporation du pouvoir ». Faut-il craindre davantage un loup au loin ou un tigre dans la maison? L'information à notre image.

Chapitre neuvième

Des menaces d'une gravité sans précédent. Que de bonnes
intentions ... La vraie BB valait peut-être mieux. D'un
siècle à l'autre. L'assimilation à la soviétique. Les « conférences constitutionnelles », ad nauseam. Un Canada troublé.
Victoria, bilan provisoire. Les bottes de sept lieues. Il y a
ceux de qualité ... Traqué, complexé ou attaché? Pierre
Vallières en cogitation. Bilan d'une année.

TROISIÈME PARTIE

QUATRIÈME PARTIE

MOT DE L'ÉDITEUR

Jean Lévesque a-t-il besoin d'être présenté au lecteur? Pas à celui du Canada français certes. Car il lui a suffi de dix-huit mois d'antenne à CKAC et de collaboration au quotidien Le Devoir, à Montréal, pour que, bientôt, il rejoigne un public des plus vaste, dans tous les coins du Canada français.

C'est ce public qui, gagné par la patiente lucidité de l'animateur du Point du Jour, refusa de lâcher Jean Lévesque lorsque Télémédia décida de mettre fin à son émission « hot line », pour des raisons qui sont demeurées obscures pour plusieurs, mais d'une limpidité éclatante pour la plupart ... On sait la rocambolesque histoire qui trouva ensuite son écho dans toute notre presse.

Le Devoir a mis fin à la publication des Antipropos dans ses colonnes; et Jean Lévesque n'a pu, pour le moment, accepter la collaboration que lui proposait CKLM. Le public canadien-français pourra donc retrouver ici l'animateur énergique, le commentateur engagé, l'analyste perspicace qu'est Jean Lévesque, devenu depuis Directeur général de la première maison d'édition du Canada français.

Le public étranger, lui, trouvera dans ce livre, outre une lumière nouvelle sur l'évolution du Québec en 1971, des réponses à toutes questions qui se posent à ceux qui veulent avoir un témoignage honnête, intelligent et courageux sur les dessous de la crise d'existence, voire de survivance, de la petite communauté de cinq millions de parlants français du Québec.

Le directeur adjoint des Editions

PRÉFACE

En acceptant de rédiger cette préface, j'ai voulu rappeler que ma carrière d'historien ne m'a jamais empêché de m'intéresser au présent. L'auteur de ce livre lui-même n'a-t-il pas compris que sa vue de l'actualité s'élargit dans la mesure où il tient compte du passé? Une autre affinité existe entre nous: nous utilisons la parole et la plume pour informer, documenter, éduquer tous nos concitoyens qui refusent de devenir des robots au service des manipulateurs de l'opinion des électeurs-consommateurs. La première étape dans toute participation efficace à la vie de la société c'est d'en analyser le fonctionnement. Cette observation doit se prémunir contre toutes les propagandes qui polluent nos sources habituelles d'information.

Jean Lévesque n'a qu'une seule ambition: fournir à ses auditeurs — quand il avait une tribune radiophonique — et à ses lecteurs l'occasion de s'interroger sur les faits dont ils sont témoins, d'évaluer les déclarations officielles qui les inondent, de réfléchir avant de s'engager. A la recherche, comme nous tous, d'un nouvel humanisme, il sait que nos lendemains dépendront de la qualité des hommes chargés de les construire. Plusieurs des pages qui suivent résonnent comme un appel pressant, angoissé parfois, aux gens de bonne volonté. Les défis se multiplient, le temps pour les relever s'amenuise et les ouvriers qui se présentent sont trop peu nombreux. Certains paragraphes trahissent la profonde inquiétude du citoyen et du patriote qui, devant les lacunes du présent, se demandent s'il est permis d'envisager l'avenir avec optimisme.

L'auteur est lucide. Il voit les contradictions de l'économie canadienne, et son amour des Québécois ne lui cache pas leurs faiblesses dans plusieurs domaines de l'agir collectif. Les réformes récentes de notre système d'enseignement ne l'impressionnent pas outre mesure, car il constate qu'à l'intérieur des nouvelles structures et à l'abri d'une muraille d'organigrammes, les anciennes mentalités dominent encore trop souvent. Il n'entretient aucune illusion sur le poids réel du Canada en politique internationale. Aux missionnaires du bilinguisme continental, il rappelle le taux d'assimilation des francophones vivant à l'extérieur du Québec. Les acrobaties et les provocations du Premier ministre Trudeau le laissent songeur. Le mur d'incompréhension qui divise les Canadiens anglais et les Québécois le scandalise. Il juge que les agents d'information, particulièrement au Canada anglais, ont failli à leur tâche. Le séparatisme de la minorité anglo-québécoise l'oblige à mettre en doute sa bonne foi.

Jean Lévesque n'ignore pas que l'avenir des Québécois est inséparable de celui de la langue française. La collectivité affirmera son vouloir-vivre, son itinéraire autonome, son esprit créateur, dans la mesure où elle prendra possession de son milieu en le « nommant », c'est-à-dire en y faisant rayonner librement sa langue. Sinon, la communauté franco-québécoise disparaîtra puisque ses membres auront été réduits au rang de simples immigrants dans un pays anglais. L'auteur se rend bien compte que les Canadiens français du Québec ne peuvent plus se payer le luxe de s'en remettre à la multiplication des berceaux et aux hasards de l'évolution historique pour garantir leur destin comme collectivité distincte dans la vallée du Saint-Laurent. La bienveillance soudaine des Anglo-Montréalais qui se déclarent prêts à protéger eux-mêmes la langue française — à la condition que le Gouvernement du Québec n'intervienne pas pour faire reconnaître à la langue maternelle de la majorité de la population le statut prioritaire qui devrait normalement lui revenir — le rend très méfiant. Non sans raison!

Quand l'émotion patriotique, le sentiment de lutter peut-être contre des forces trop puissantes, la constatation du manque de responsabilité de plusieurs leaders, risquent de pousser l'auteur à broyer du noir ou à crier avec colère son indignation, il se réfugie dans une ironie de bon aloi. Celle-ci, tout en permettant au lecteur de rire plutôt que de pleurer, lui laisse également la liberté de compléter le réquisitoire qu'était tenté de dresser Jean Lévesque. La charge porte alors davantage. La grande force du commentateur, c'est le respect qu'il a pour ses auditeurs et ses lecteurs. Il cause avec eux. Ce climat d'empathie vient de sa confiance en l'homme et de son sincère dévouement envers ses compatriotes. Ses milliers d'auditeurs radiophoniques l'avaient bien senti. Ses lecteurs participeront au même dialogue d'amis appelés à bâtir une œuvre commune: le Québec.

Montréal, le 20 novembre 1971.   **MICHEL BRUNET**

INTRODUCTION

C'était à la journaliste Micheline Lachance-Handfield que revenait l'idée de publier un choix d'Antipropos 1970. Cette fois, c'est en témoignage au public qui m'a si généreusement, fidèlement et sincèrement soutenu au cours des péripéties des « Antipropos 1971 » que je présente en tout premier lieu ce recueil. Recueil disparate, qui groupe des réflexions cursives sur tel ou tel sujet préoccupant notre société, sous forme d'Antipropos, publiés ou pas en 1971, tantôt par CKAC, tantôt par Le Devoir, tantôt par CKLM; des réflexions plus approfondies, sous forme d'allocutions, prononcées devant des auditoires divers. Le tout juxtaposé aux éphémérides de l'année 1971 et à des statistiques démographiques canadiennes, montrant la précarité de notre collectivité en Amérique.

Ce recueil est ma façon aussi de répondre au courrier tant volumineux que disparate et réconfortant que j'ai reçu, d'abord lorsque le rythme des Antipropos dut diminuer en ondes, lorsqu'on m'invita ensuite à marquer une pause, à la radio, puis au journal . . .

Cette fidélité que m'ont témoignée le public canadien-français du Québec et aussi celui des zones géographiques limitrophes, tout autant que de milieux sociaux différents et d'origines ethniques diverses, m'aura touché au plus haut point. Quand je dis touché, j'utilise un euphémisme car je devrais dire marqué. On ne reçoit pas en vain un appui aussi spontané et désintéressé de la part des siens sans se sentir encore et davantage enraciné dans son milieu et prêt, plus que jamais, à prendre les moyens qu'il faut pour le défendre. Qui donc a dit que la solidarité était un vain mot au Canada français? Ce mot n'est pas inconnu chez nous, lorsqu'on peut l'exprimer . . .

Je dois enfin remercier ici CKAC d'avoir diffusé plusieurs des textes suivants, jusqu'en septembre 1971; Le Devoir, d'avoir véhiculé plusieurs autres de ces analyses, plus sporadiquement, jusqu'à la fin de 1971; et CKLM, pendant les trois derniers mois de l'année. Je dois encore remercier CKLM de m'avoir invité à poursuivre ma collaboration à son antenne en 1972, mais mes fonctions actuelles sont trop préoccupantes. Ce n'est peut-être que partie remise?

Jean Lévesque

Première partie

A la recherche d'une élite[*]

*« Il y a une bourgeoisie de gauche
et une bourgeoisie de droite.
Il n'y a pas de peuple de gauche
ou de peuple de droite,
il n'y a qu'un peuple. »*

Bernanos, Gr. cimet. sous la lune, p. 49

La précarité de la collectivité canadienne-française devient sans cesse si évidente à tout observateur averti qu'un colloque était tenu aux environs de Montréal en décembre 1971, auquel nombre de nos penseurs participaient, pour trouver les moyens de « sortir le Québec du trou ».

Des études dans divers domaines et dans quelques pays m'ont permis d'établir mes propres coordonnées et de dresser mes propres comparaisons. Une expérience de travail aux Canadas anglais et français m'a aussi ancré dans certaines opinions. Une dizaine d'années de journalisme actif, dont deux ans de dialogue quotidien, par le « hot line », avec la population du Québec et des régions limitrophes, m'ont permis enfin de prendre le pouls de cette population dite silencieuse. Ce bagage, sans être écrasant, me permet aujourd'hui d'esquisser, en un recueil un peu hétéroclite, ce que je pense de notre situation nationale. Et je ne vois pas pourquoi je me priverais d'exprimer aujourd'hui sans ménagement mon diagnostic, quand tant d'autres le font à partir de données beaucoup plus discutables, et d'autant plus que je ressens comme un devoir le besoin de le faire.

J'en blesserai plus d'un: ce sera parce que je crois nécessaire de dire certaines choses tenues dans l'ombre, ou méconnues.

Tant mieux pour ceux qui seront flattés. Quant à moi, le nombre de coups bas reçus des miens, dans ce combat incessant que j'ai livré jusqu'ici pour mes compatriotes, m'ont suffisamment endurci pour que je ne craigne plus d'en recevoir encore. Nos fausses élites ne m'impressionnent plus guère; nombre de nos médiocres manieurs de plume et d'idées, souvent drapés dans un désinté-ressement national qui cache mal leur vanité, leur soif d'argent et de puissance, me dégoûtent; nos cerveaux géants me laissent de plus en plus inquiet devant nos performances qui « calent » de jour en jour davantage notre petit peuple dans son trou deve-nu historique autant que permanent; enfin, l'ardeur et l'aveugle-ment de ceux des miens qui veulent faire de nous une tribu médiévale de « jouaux » et qu'on trouve de plus en plus à toutes les tribunes, font que je ne ressens aucun complexe à venir établir quelques réflexions sur notre sort commun.

Hubert Aquin, en janvier 1964, dans un article intitulé « Profes-sion: écrivain » (Parti-Pris), écrivait des lignes d'un réalisme troublant. « Il semble que dans toute situation de domination ethnifiante, le groupe inférieur soit le plus musical des deux . . . » Et puis: « . . . même les Canadiens français qui ont une vocation de tziganes face au groupe supérieur qui se comporte en public sédentaire. La domination d'un groupe humain sur un autre survalorise les forces inoffensives du groupe inférieur: sexe, pro-fessions aux arts, talents naturels pour la musique ou la créa-tion . . . ». Et Aquin d'en tirer ses conclusions personnelles com-me un écrivain appartenant à la collectivité française du Canada.

Cette vision de nous est troublante à plus d'un égard. D'abord parce que, de l'Assemblée nationale à notre télévision, de nos pléiades de journaux de « vedettes » (on a les pléiades et les vedettes qu'on veut ou qu'on peut) à nos « places d'art », de l'industrie florissante du cinéma qui se veut pornographique qué-bécois à nos moyens d'information, il est vrai que les Canadiens français se spécialisent toujours davantage dans ce qui leur est laissé, malgré d'assez vaines tentatives de faire autrement. Ensuite, ce qui est doublement troublant, dans ce qu'on conviendra d'appeler leurs « spécialités », les Canadiens français voient le commun dénominateur de leur expression artistique descendre à un niveau si bas que la production devient digne, parfois, des cogitations ou des perceptions des tribus primitives. Quant à l'expression verbale (pourra-t-on d'ailleurs encore longtemps utiliser cet adjectif?), non seulement en arrive-t-on à se servir d'un outil inférieur, le « joual », qui se compare assez bien avec le « ougou-ougou » tribal, mais maintenant on l'enseigne, on l'écrit, on le parle, on le valorise même dans les cahiers littéraires du Devoir; on en fait un but à atteindre, un moyen d'expression à préférer, le tout sous le prétexte de s'affirmer ainsi comme étant bien soi et non pas autre, puis de vouloir s'en servir pour montrer notre supériorité sur les m ... Anglais, les m ... Français et même, oh! horreur, les m ... Américains!

A noter ici une aberration courante, propre à quelques esprits cultivés de chez nous, qui sont coupés du réel québécois. Cette erreur qui consiste à croire que l'élite canadienne-française est française en opposition à la masse canadienne-française qui serait américanisée, donc « joualisante ». Cette distinction n'est pas basée sur notre réalité nationale.

Les Canadiens français américanisés dans leur pensée et leur mode de vie, c'est généralement au niveau de notre classe intellectuelle qu'on les trouve. Dire, comme le fait M. Guy Rocher (Le Devoir, 28/12/1971), que « la masse du peuple canadien-français est profondément américanisée dans ses goûts, ses attitudes, ses intérêts, sa manière de vivre », c'est ne pas connaître les gens de Louiseville, de Chicoutimi, de Rivière-du-Loup, des campagnes, etc. C'est confondre la masse du peuple canadien-français avec une partie du prolétariat et une partie de l'élite du Montréal francophone. Monsieur Rocher prouve cette confusion lorsqu'il écrit que le Canadien français n'a pas l'esprit critique développé; pour une partie de la population montréalaise, il a peut-être raison, mais il a sûrement tort en général. N'a-t-il donc jamais été « argumenter » en province? ...

A ce sujet, d'ailleurs, qu'il me soit permis, en tant que Québécois, de dire que j'ai toujours été frappé de constater comment un grand nombre d'autochtones montréalais: 1e sont portés à juger l'ensemble de notre collectivité à travers le prisme déformant de leur insularité souvent américanisée ou anglicisée; 2e sont les meilleurs propagandistes de cet instrument de désintégration culturelle qu'est le « joual »; 3e ignorent combien « gauloises » sont restées les populations du reste du Québec, malgré l'avènement des radios et des télévisions « joualisantes » et ahurissantes de Montréal qui se répandent, par les réseaux, dans toute la province.

Qu'une partie de notre élite canadienne-française soit américanisée ne fait pas de doute. Il ne faut pas fréquenter longtemps certains salons des universités francophones de Montréal pour l'apprendre. Il faut aussi penser à notre révolution scolaire qui, parce que basée largement sur le système américain, conçue par quelques élites à l'esprit américanisé, nous vaut la destruction de ce que nous avions de bon, la construction de certains secteurs qui ne collent pas à nos propres mentalités, des tâtonnements coûteux à tous égards, des erreurs dont les Américains avaient déjà pris conscience avant 1960, et une génération d'étudiants qui ne croient plus à un système scolaire trop plagié sur les « american dreams » des années quarante, et dont ces derniers se débarrassent d'ailleurs à grand-peine.

En 1964, Hubert Aquin parlait de la survalorisation des forces inoffensives du peuple canadien-français. Cette année, parlerait-il encore de forces?

C'était peut-être inquiétant en 1964. En 1972, c'est désespérant.

Une élite pourrait encore sauver la situation, relever le ton, guider, renseigner, prendre les commandes. Un peuple sans élite n'est pas longtemps un peuple: c'est une population qui ira là où elle sera parquée, et elle sera parquée comme on voudra qu'on la parque. Or, cette élite canadienne-française, que fait-elle? Quelle est-elle, plutôt?

Dans une large partie, elle songe d'abord à s'engraisser, parfois franchement, la plupart du temps, hypocritement. Et comme cela ne peut se faire qu'au détriment des plus faibles, elle le fera au détriment des siens. L'information, une propriété publique? Allons! Ce négoce comme les autres doit payer, et vive donc les dividendes. A moins que ce ne soit: vive les carrières politiques à s'y bâtir! ... L'exercice des professions libérales passe assez bien, lui aussi, à côté des préoccupations nationales, et on se retrouve dans le même circuit. On pourrait ainsi continuer longuement, longuement, péniblement.

Il y a pourtant des élites désintéressées. Oui, mais une élite désintéressée doit aussi commander des connaissances nombreuses, et surtout une hauteur de vision et une grandeur d'âme qui ne se taillent pas sur mesure ni sur demande. L'intéressement au sort des siens se situe au niveau moral et, certes, en certaines de ses parties, notre élite, du côté syndical notamment, ne manque pas à son devoir. Mais la hauteur de vision, la largeur de vue, le sens de l'authentique, du beau et du vrai, ne s'acquièrent pas en 21 jours d'excursion guidée à Paris ou en six mois de beaux-arts à Londres. C'est d'abord un état d'esprit que commandent l'humilité, le sens du relatif, du doute, et la soif de toujours apprendre. Cherchons le nombre des nôtres qui allient les qualités morales et intellectuelles dont on parle et lesquelles font de véritables élites; comparons ce nombre à celui de nos nuées de « vedettes », de « penseurs », d'« esprits fins », de « gens à l'aise » et de « gens de lettres », et la soustraction nous déprimera.

Pourtant, c'est de l'arithmétique, et personne ne peut éviter la loi des nombres.

Dès lors, on est en droit de se demander qui pourra dialoguer avec cette masse canadienne-française, laquelle ne demande pas mieux que d'apprendre, de connaître, de s'affirmer. Non de s'affirmer en rétrogradant par le « joual », la vulgarité et les satisfactions quantitatives. Mais de comprendre, de s'élever, de se sacrifier pour le voisin, d'acquérir et de développer avant tout l'ambition non plus seulement de la quantité mais tout autant sinon davantage d'une certaine qualité de vie.

Certains situent notre problème collectif en fonction de notre dépendance envers les autres collectivités. Encore qu'il y ait là-dedans quelque vérité, c'est oublier que nous avons des outils législatifs pour agir, des richesses naturelles à développer, des amis étrangers qui ne demanderaient pas mieux que de nous aider, (si on ne les reçoit pas, hachette à la main,) et une population canadienne-française qui est prête à se laisser emporter par un élan, une foi, un espoir en quelque chose d'élevé. N'a-t-on donc pas vu ce qui ne s'était jamais passé auparavant chez nous lorsqu'en 1967, un Général fit sortir spontanément de chez eux cinq cent mille Montréalais casaniers, de Pointe-aux-Trembles à l'Hôtel de ville? Peu d'entre nous l'ont constaté, mais bien de nos compatriotes anglophones ont saisi la situation, eux . . .

Le peuple est là, les outils sont là. Il manque une élite suffisamment nombreuse, capable d'entraîner la nation vers un idéal et ce n'est pas à la construction d'une république de « jouaux » que la population répondra. Elle disparaîtra plutôt; ce mouvement est d'ailleurs assez bien entamé . . .

---

* Texte de la conférence prononcée devant les membres de la Société Saint-Jean-Baptiste, section Outremont-Côte-des-Neiges, le jeudi 13 janvier 1972, au Centre social de l'Université de Montréal.

Deuxième partie

Une année de Québec

Chapitre premier

L'ÉCONOMIE

Un économiste à temps plein

Le 19 février 1971

C'est sans doute au niveau de l'agriculture que l'on peut trouver le plus bel exemple concret du fouillis socio-politico-économique dans lequel évoluent certains secteurs de notre société. Quelques faits et chiffres. Les producteurs agricoles du Québec ne fournissent même pas le tiers des besoins des Québécois au niveau de l'alimentation. Le reste est importé. En même temps, déclare le directeur administratif de l'UCC, « s'il n'y a pas de changement de la part des politiques fédérales, plus de vingt mille agriculteurs sont appelés à disparaître à brève échéance au Québec ». Par ailleurs, une déclaration de M. L. Roy, vice-président du Conseil de l'alimentation du Québec: « . . . c'est le Gouvernement qui fait le plus obstacle à l'expansion de l'agriculture québécoise à cause de sa politique de limitation des entreprises plus considérables ».

Le Québécois intéressé à l'agriculture sait que le « porte-monnaie de l'Etat, en ce qui le concerne, est à Ottawa ». Ainsi, la presque totalité de la production agricole québécoise se fait dans le secteur laitier et la politique laitière est contrôlée par le palier fédéral, qui a coupé de vingt millions de dollars ses subventions aux producteurs laitiers et instauré une politique de quotas pour le moins surprenante, étant donné la situation de cette industrie laitière dans notre Province.

Au palier provincial, l'Etat en est toujours au niveau des balbutiements, particulièrement en ce qui a trait à la diversification des productions agricoles, à la réorientation des fermes. Et il ne semble pas que le ministère de l'Agriculture du Québec soit l'endroit où on puisse parler d'agri-marketing: y connaît-on seulement le mot?

L'industrie de l'alimentation au Québec procure directement de l'emploi à soixante-cinq mille Québécois, investit en moyenne par année soixante millions. Parallèlement à cette industrie forcément appelée à progresser, l'industrie agricole québécoise périclite. Drôle de parallèle. Où sont les plans d'action à l'intérieur desquels l'Etat québécois pourrait devenir partenaire d'entreprises agrico-économiques? Où sont les plans d'organisations conjointes de production agricole et de mise en marché, au sein desquels les unités productrices, quelles que soient leurs productions, pourraient travailler de concert avec l'Etat?

Le partage farfelu des pouvoirs de décision au niveau des paliers de gouvernement est une cause du mal. La dispersion des efforts au niveau des producteurs agrico-économiques en est une autre. Des chasses-gardées de trusts qui ont peu ou pas à voir à l'intérêt général du Québec en sont d'autres. Enfin, l'inaction éhontée du Gouvernement du Québec, depuis toujours, dans ce domaine, n'est pas la moindre de ces causes. Quand on pense que le ministre de l'Agriculture du Québec a annoncé une grande nouvelle cette semaine à Louiseville, dans le but de donner des dents à l'action de son ministère, peut-on espérer pour bientôt une action d'envergure de concertation entre les niveaux privé et d'Etat, quant à l'agriculture et à l'industrie de consommation? M. Toupin a annoncé cette semaine à Louiseville que, comme preuve de bonne foi, son ministère vient d'embaucher SON PREMIER ECONOMISTE, et à PLEIN TEMPS à part ça! C'est du dévergondage . . .

La baie de Bourassa?

Le 7 mai 1971

Dans le programme électoral de Monsieur Bourassa, en 1970, on parlait d'un « plan d'aménagement énergétique du bassin de la baie de James ». Conséquent envers lui-même et son programme, le nouveau Premier ministre, quinze jours après son élection, mettait à l'œuvre une commission parlementaire chargée d'étudier le projet de harnachement de plusieurs rivières donnant sur la baie de James. Un premier projet avait été élaboré en 1964, remis à plus tard, puis l'Hydro-Québec prenait le dossier. Il semble maintenant que le dossier, soudainement grossi de l'élargissement du projet et de nombre de dépositions, de tractations et de chiffres, se trouve sur le bureau du Premier ministre et, aussi, de plusieurs firmes milliardaires, pas nécessairement québécoises.

Or, malgré que, depuis quelques années, et surtout depuis une douzaine de mois, le sujet de l'aménagement du bassin de la baie de James soit revenu à la surface plusieurs fois, force nous est de constater, en étudiant ce que l'on peut savoir de-ci de-là, que les opinions, jusqu'à aujourd'hui encore, étaient contradictoires sur le bien-fondé de ce développement, et surtout sur la manière de procéder à cet aménagement qui, aux dernières nouvelles, engouffrerait jusqu'à six milliards de dollars, et recouvrirait quarante pour cent du territoire québécois. Or, malgré cette pénurie de véritables dossiers et malgré nombre d'opinions contradictoires sur la question, opinions émanant de personnes sérieuses, le Gouvernement du Québec aurait décidé de se lancer à toute vitesse dans ce projet qui, on en convient aisément avec le Premier ministre, de par l'ampleur des chiffres cités, engage l'avenir du Québec. Pourquoi cette précipitation? Pourquoi ces cachettes? Pourquoi ces mystères?

Il faut comprendre, bien sûr, que de tels projets ne peuvent être émiettés complètement, à la vue de tout un chacun, pour éviter des spéculations. Mais des lois pour bloquer les spéculations, ça se passe quand on veut. Il faut comprendre, bien sûr, qu'il faut créer cent mille emplois pour remplir des promesses électorales, mais il ne faut quand même pas confondre le bien d'une administration et d'un parti avec celui, entier, de tout un territoire. Enfin, il faut rappeler la plus élémentaire des mesures de prudence: vite et bien ne vont jamais de pair.

Des personnes plus qualifiées que moi, et disposant de plus de lignes que moi pour ce faire, ont démontré à gauche et à droite qu'au moment présent, avec le peu de renseignements dont on dispose, il apparaît prématuré de se lancer à toute allure dans ce projet, sans risquer d'aliéner des richesses considérables, au profit de vues courtes et d'intérêts étrangers aux nôtres. Mais cet aspect des choses, capital faut-il le dire, en rencontre d'autres, tout aussi capitaux.

Voyons l'énorme barrage d'Assouan, en Egypte. Parce qu'il a été construit à vive allure, pour des fins de propagande en partie, ce barrage, aujourd'hui, contribue à créer un déséquilibre écologique si considérable en Egypte qu'une partie du pays entier en souffre déjà. Et on se lancerait, ici, à transformer radicalement quarante pour cent du territoire québécois sans de patientes et indispensables études sur l'environnement? On veut bien croire aux vertus économiques et politiques du Premier ministre, mais elles ne sont pas les seules qu'un chef politique doive posséder! A-t-on pensé aussi au déplacement délicat de milliers d'autochtones dans ces régions et à leurs droits légitimes au moins à un dédommagement? Enfin, est-ce vrai que ce grand complexe, cet énorme aménagement de quarante pour cent de notre territoire, en premier lieu, profiterait plutôt aux autres qu'à nous? Est-ce vrai, également, qu'on passerait outre aux compétences reconnues de l'Hydro-Québec, pour sacrifier, sur l'autel de la rentabilité électorale, la rentabilité tout court? Est-ce vrai, aussi, que tout cet énorme machin hydro-électrique pourrait vraiment produire efficacement de l'électricité, au moment où, dans une dizaine d'années, la production d'énergie nucléaire serait moins coûteuse et plus efficace?

En attendant, patiemment, d'avoir des réponses de nos serviteurs, c'est-à-dire des dirigeants du Québec, espérons qu'aucune signature compromettant notre avenir n'a encore été posée au bas de quelque parchemin d'Egypte « made in US ».

Des cartes sous la table?

Le 14 juillet 1971

A l'heure où j'écris ces lignes, l'Union nationale et le Parti québécois ont décidé de poursuivre leur politique d'opposition à l'adoption du bill 50, malgré que le Gouvernement libéral ait proposé quelques amendements au projet de loi, dans le but de le rendre plus acceptable. Certains chroniqueurs prétendent que ces amendements avaient pour but d'amadouer l'Union nationale afin qu'à son tour, après le désistement du Ralliement créditiste, ce parti accepte de voter en faveur du bill 50. Dès lors, tout l'odieux de l'Opposition serait retombé sur l'irrédentisme péquiste, et le Gouvernement aurait pu s'en laver les mains.

La politique d'obstruction systématique (du filibuster) est toujours pénible, souvent inopportune, mais il arrive qu'elle soit nécessaire. Dans le cas présent, malgré les amendements proposés au projet d'aménagement de la baie de James par le chef du Gouvernement; malgré que ce procédé retarde l'évolution des travaux en Chambre à Québec; malgré tout l'odieux qui retombe souvent sur les auteurs d'une opposition systématique, il m'apparaît qu'elle soit la seule digne d'un véritable parti d'opposition à Québec ces jours-ci. Pourquoi?

En politique, les principes sont souvent aussi opportuns que des éléphants dans la porcelaine. Mais lorsqu'il s'agit d'un projet de

loi impliquant le développement de quarante pour cent du terfi-
toire québécois; lorsqu'il s'agit d'un projet de loi impliquant des
sommes allant jusqu'à six milliards de dollars (pour le moment),
ce qui est deux fois le budget annuel total de tout le Québec;
lorsqu'on sait la capacité d'emprunt du Québec; lorsqu'on sait
sur quels sentiers difficiles le continent tout entier s'engage, au
point de vue monétaire et économique, pour les dix prochaines
années; lorsqu'on sait enfin l'état précaire de la RELLE économie
québécoise, et non pas celle des « ballounes », on en sait assez
pour s'étonner de la précipitation douteuse avec laquelle le parti
au pouvoir, le Premier ministre en tête, veut à tout prix faire
adopter le bill 50. Pourquoi cette précipitation, dans les circonstances données?

Cette hâte maladive est pour le moins étrange. Est-on tout fin
prêt à faire démarrer ce vaste projet d'aménagement du bassin
de la baie de James, de sorte que cela soit une perte de temps
que d'étudier le sujet encore? Que non! L'Hydro-Québec elle-
même n'aura pas terminé ses études PRELIMINAIRES sur le
sujet avant l'automne. Le ministre des Richesses naturelles du
Québec, monsieur Massé lui-même, le 23 juin, admettait que « ce
n'est qu'à l'automne que sera prise la décision définitive quant
au choix des rivières de la baie de James qui seront d'abord amé-
nagées ». Eh oui! Le ministère des Richesses naturelles ne sait
pas encore par quelle rivière on va commencer. Et il faudrait,
pendant ce temps, que les députés d'opposition et le public soient
d'accord avec un Gouvernement qui ne sait même pas encore par
quoi on va commencer. Le tout au nom de la planification. C'est
tout simplement renversant.

Cette hâte, accompagnée de mauvaise humeur des ministériels de
voir adopter le bill 50 m'inquiète à plus d'un autre titre. Ainsi,
selon plusieurs spécialistes de la protection de l'environnement
consultés au Québec, et surtout au Québec anglophone, il y a lieu
de s'inquiéter gravement de la mise en train d'un projet
d'une telle envergure, sur l'environnement de tout le Québec, à

moins que des études sérieuses n'aient été faites au préalable. Or, à ma connaissance, aucune étude exhaustive de ce genre n'a été menée à terme par qui que ce soit au Québec, et le Gouvernement Bourassa veut nous plonger la tête baissée dans la baie de James ... qu'importent les conséquences peut-être catastrophiques que le réaménagement de quarante pour cent du territoire québécois pourrait avoir sur tout le reste de la Province. Peut-on appeler cela de la responsabilité?

Cette hâte ronchonneuse du Premier ministre à vouloir faire adopter en fin de session, en pleine canicule, le bill 50, alors que la Province est en vacances, et que les députés aimeraient y être aussi, apparaît douteuse encore à bien d'autres titres. Le seul fait de voir et d'entendre circuler des rumeurs à l'effet que déjà des contrats seraient accordés, que « la firme d'ingénieurs Gendron et Lefebvre, de Laval (pour citer Montréal-Matin), travaillerait présentement sur les plans de ligne de transport de l'électricité » et que la compagnie torontoise « Acres Development » aurait en main des contrats très intéressants, toujours selon la même source (8/7/71), ces rumeurs à elles seules justifient bien des craintes.

S'il est bon, en politique, d'avoir des cartes dans ses manches pour les savoir bien jouer, il ne faudrait pas confondre cette manière de jouer avec cette autre qui consiste à passer des cartes ... sous la table.

Quoi qu'il en soit, il vaudrait mieux savoir AVANT pourquoi on refuse à l'Hydro-Québec tous les pouvoirs pour les travaux de la baie de James, ainsi qu'aux ministères concernés pour les autres secteurs, plutôt qu'APRES. C'est la tâche de l'Opposition de tenter de le savoir. S'il ne lui reste que l'arme du filibuster, qu'elle s'en serve. Le public ne lui en tiendra pas rigueur, bien au contraire.

Le $ US et le Québec

Le 20 août 1971

A ceux qui mésestiment le poids prépondérant de l'économie des Etats-Unis sur le monde et les Amériques en général, le Canada et le Québec en particulier, la partie de golf économique que vient de jouer l'administration Nixon, avec ses répercussions en chaîne autour de la planète, apportera certainement un brusque réveil.

Les décisions nixoniennes sont pourtant limitées dans leur portée et dans leur durée. Trois mois de gel des prix et salaires, surtaxe de dix pour cent sur les importations américaines, etc. Pourtant, les Bourses du monde entier se dérèglent, les gouvernements réunissent, chacun, leurs experts en économie et en commerce; les groupes économiques entrent en conclave ici et là. L'éléphant a fait un pas: les fourmis s'affolent!

Il est évident que les décisions de Washington vont provoquer des réalignements de monnaie. Et ceux qui jouaient au « loup nationaliste » comme les Allemands de l'Ouest, il n'y a pas si longtemps encore, dans le Marché Commun, vont se rendre compte que ce jeu se joue à plusieurs. Même l'apparente prospérité japonaise, parce que l'éléphant américain fait un pas en arrière, fait déjà parler d'elle au passé dans plusieurs milieux. On comprendra que, les Etats-Unis étant un générateur d'influence mondiale dans l'économie, ils peuvent à volonté faire osciller bien des monnaies et, partant, en faire dévaluer plusieurs. Le monde entier, à l'exception peut-être et surtout de la Chine, se rend soudainement compte que la pieuvre de l'économie étatsunienne a des tentacules presque partout.

Au Canada, la véritable frayeur des dirigeants qui se dirigent à Washington pour tâcher de limiter les dégâts montre bien notre dépendance vis-à-vis l'économie de nos voisins du Sud. Que les

Etats-Unis n'épargnent pas notre pays de leurs mesures protectionnistes, et notre économie déjà en ennuis va s'essouffler encore. Les industries canadiennes textiles, chimiques, etc., qui dépendent tellement de nos voisins, pour subir le coup, vont-elles devoir aggraver encore le problème du chômage au pays pour s'en sortir?

Au Québec, où le chômage est, on le sait, très élevé, le coup serait encore plus dur à porter. Au Québec encore, où les autorités comptaient sur le lancement de grands projets de développements divers, dont celui de la baie de James, pour relancer la machine, que va-t-il arriver, si les capitaux américains, à cause des nouvelles mesures restrictives sur la sortie des capitaux des Etats-Unis, si ces capitaux ne peuvent plus venir à bon rythme, soutenir artificiellement une relance économique, promise d'ailleurs fort à la légère?

Les émissaires canadiens sont donc aux Etats-Unis. Ils tâcheront de forcer Washington à se montrer plus large envers nous, Canadiens, qu'envers les autres, afin que notre pays ne soit pas précipité dans une inflation et un chômage encore plus grands. Peuvent-ils réussir? Ottawa a de bonnes cartes dans sa manche: les Etats-Unis n'ont-ils pas grand besoin de ressources énergétiques, pétroles, gaz, etc., et le Canada n'en dispose-t-il pas largement?

Ces faits, simplement esquissés, montrent bien la vanité des internationalistes à tous crins qui lèvent l'épaule lorsqu'on leur parle de nationalisme. Les Américains eux-mêmes n'étaient-ils pas agacés à l'extrême lorsque de Gaulle n'avait de cesse de rappeler que l'ère des « patries » est loin d'être révolue. Je ne sais plus qui disait que « le nationalisme est toujours mauvais, à condition qu'il soit pratiqué par les autres ... ». Les Etats-Unis, en difficulté, le pratiquent aujourd'hui, après en avoir fait le reproche à la France gaulliste.

La situation qui s'ensuit pour le Canada et le Québec montre bien que le Général n'était pas si bête que la propagande le disait, lorsqu'il prêchait que chaque nation doit au plus vite se bâtir de solides épines dorsales, pour les mauvais jours des Super-Grands ... C'est de cette notion d'indépendances nationales conjuguées et non pas subjuguées que naissait son idée de changer le système monétaire non plus en le laissant basé sur les aléas d'une monnaie, soit-elle américaine, mais sur des monnaies représentant l'économie et l'intérêt de chacun.

Les décisions nixoniennes seront sans doute bonnes pour l'économie des Etats-Unis. Si seulement on savait, nous du Canada, nous du Québec, en tirer les leçons!

De palissades et de lapalissades

Le 17 septembre 1971

Le Canada est un pays où Monsieur de La Palice eût vécu fort à l'aise. Ce qui tombe sous le sens ailleurs apparaît sans cesse ici comme des révélations ou comme des énoncés révolutionnaires.

Depuis des siècles que ce vaste territoire traîne sa destinée à la remorque des intérêts des autres: c'était la Grande-Bretagne naguère, ce sont les Etats-Unis aujourd'hui, qui donnent au développement du Canada la proportion et la tendance qui font LEUR affaire d'abord. Mais quand vient le moment de le dire, les élites et les masses trouvent trop souvent ces propos hérétiques! L'exemple de ce qui nous arrive, sur le plan économique, après la décision nixonienne, devrait dessiller les yeux de tout un chacun? Quelques téméraires seuls le disent tandis que la plupart des hommes politiques en place contournent la question, jonglent avec les phrases, quand ils ne tentent tout simplement pas de nous tromper.

Autre hérésie, celle de dire que, depuis deux siècles, ce pays ne se développe pas pour lui-même, mais pour tenter de contrer l'action des autres. C'est pour contrer l'émancipation nord-américaine de la métropole anglaise que le Canada a pris forme après la Conquête et qu'il a poursuivi sa petite trajectoire.

La Confédération voulait mettre fin à cette politique négativiste? Peut-être, mais surtout pour permettre aux capitaux étrangers, britanniques à l'époque, de développer, par le truchement d'une « épine dorsale ferroviaire », un territoire donné, de l'est à l'ouest d'ailleurs, soit contre la loi naturelle des choses.

Aujourd'hui, le Canada fait cohabiter un double mouvement de pensée (ou d'intérêts) : celui d'être CONTRE la vente pure et simple de nos biens aux Etats-Unis, en même temps que d'être POUR tout ce qu'il faut faire pour entretenir notre état de sujétion. Véritable tour de force qui trahit assez bien une mentalité parasitaire bon teint.

Un Eric Kierans se lève en Chambre, il y a peu de temps, pour plaider en faveur d'une « économie proprement canadienne »; il explique que les Etats-Unis souhaitent voir le Canada croître, pourvu que notre croissance soit celle d'un fournisseur de matières premières aux Américains, et une Chambre hébétée l'écoute, gênée du côté ministériel, silencieuse comme une carpe de l'autre, hormis quelques appuis, fermes mais peu nombreux, du côté néo-démocrate. Pourtant, M. Kierans n'est-il qu'un « théoricien de la démocratie », un de ceux qui sont si chers au cœur de M. Drapeau? M. Kierans propose l'abaissement de la valeur du dollar canadien, l'exportation de ressources renouvelables plutôt que seulement des matières premières, etc. A toutes fins pratiques, son discours se perd dans le vide.

Dans le contexte pan-canadien, tombe le mémoire de la CSN qui dit que « le Québec n'a pas d'avenir dans le système économique actuel ». A voir l'air d'avorton de l'économie québécoise, notre chômage endémique, et les premières retombées des mesures nixoniennes, cela est d'une évidence patente. Pourtant, on en trouve plus d'un, dont deux ténors du Gouvernement Bourassa, pour reprocher à la CSN de peindre une situation sans offrir de solution de rechange. Mais certains hommes politiques se moquent-ils de nous ou s'ils se moquent d'eux-mêmes?

Si le Gouvernement du Québec, officiellement et clairement, reconnaissait la situation comme elle est, publiquement, et sans faux-fuyant, ne serait-ce pas déjà un début de commencement de possibilité de solution? Comme à contrecœur, le ministre Cournoyer reconnaissait il y a quelque temps que la situation économique québécoise n'offre pas d'avenirs immédiats reluisants. Mais que de timidité à reconnaître que le panorama est sombre et qu'il faudrait bien prendre le taureau par les cornes si on veut le maîtriser! Or, entre le prendre par les cornes et déclarer que la bête peut exister, il y a une marge que le Québec ne semble pas capable de franchir.

Et ainsi va le train de l'économie canadienne en général, et québécoise en particulier: de demi-vérité en demi-vérité, de mémoire en mémoire, de discours en discours. On a reproché au manifeste de la CSN de ne pas proposer de solution de rechange. Le manifeste en propose pourtant une lui aussi, timide, celle qui consiste, pour chaque citoyen québécois, à prendre en main ses responsabilités. Cela est bien, mais la CSN n'aurait-elle pu, de son côté, aller un peu plus loin, et reconnaître qu'**une action des masses comme des élites ne se fait qu'à partir de l'information des masses et des élites, et que, à ce chapitre, le Québec est proprement et nettement une région sous-développée?**

Planifier ou moisir dans la chicane

Le 12 novembre 1971

Signe des temps, le Gouvernement américain vient de réaffirmer sa volonté de défendre les intérêts commerciaux des Etats-Unis qu'il estime menacés par le processus d'intégration économique de celle qu'on ose de moins en moins appeler la « vieille »

Europe. Il faut voir les véritables chantiers de construction que sont, par exemple, les régions métropolitaines de Bruxelles et de Rome, pour se rendre compte de la poussée économique du Marché commun. Les statistiques, à leur tour, montrent la quasi-inexistence de chômage pour les régions données, en même temps qu'un taux de progression industrielle qui dépasse, pour plusieurs pays d'Europe de l'Ouest, de beaucoup et de plus en plus, celui des Etats-Unis et encore davantage du Canada. Pour les Canadiens français non atteints du virus du complexe de supériorité qui leur bouche yeux et oreilles en Europe, occupés qu'ils sont à dire à tout le monde que c'est mieux « cheu-nous », il devient gênant d'établir une comparaison entre cette réelle marche en avant du Marché commun et la véritable stagnation économique du Québec.

C'est aberrant d'entendre tant de Québécois aller jouer au dédaigneux cousin riche, alors qu'ils sont par exemple à Paris ou à Bruxelles, quand on sait d'une part la relativité du présumé haut niveau de vie que le Québécois moyen connaît et, d'autre part, quand on sait jusqu'à quel point ce niveau de vie est celui d'une collectivité assez parasitaire qui le doit, en large partie, aux retombées de l'économie des Etats-Unis et non pas à elle-même.

Les dernières nouvelles nous apprennent que, malgré des manchettes mensongères, « par rapport à l'an dernier, on enregistre au Québec 3,000 chômeurs de plus ». On dit que la hausse des investissements se ralentira au Canada en 1972. Et ne mentionnons pas le nombre effarant d'assistés sociaux au Québec, de fermetures d'usines, de mises à pied massives de travailleurs, etc. Dire qu'en même temps les Gouvernements provinciaux et fédéral du Canada trouvent le moyen de dépenser des sommes et des énergies folles pour chicaner aux fins de savoir qui doit aider qui . . .

Faudra-t-il attendre des secousses sociales douloureuses pour que les « responsables » des affaires de l'Etat québécois songent à des moyens considérés par d'autres comme normaux et par nous comme draconiens, je veux dire la planification ailleurs que dans des dossiers, afin de prendre le taureau par les cornes? Le premier organisme de planification mis sur pied au Québec était créé en 1961: le Conseil d'orientation économique. En 1969, ce Conseil changeait de nom et de structure pour devenir l'Office de planification et de développement et, le printemps dernier, dans son rapport annuel, l'Office déclarait: « L'Office se trouve engagé dans une sorte de pari sur la possibilité de mobiliser l'administration gouvernementale aux fins d'une planification des actions de l'Etat ». Aussi bien dire qu'on en était, au niveau du Gouvernement, quasiment au même point à ce chapitre qu'il y a dix ans.

La planification au Québec, par laquelle on passera ou sans laquelle on « moisira », demeure donc encore un pari. La planification au Québec, par la planification de l'administration gouvernementale et le maintien d'un dialogue permanent entre la collectivité et le Gouvernement, demeure un vœu pieux, n'en déplaise à quelques économistes, soient-ils Premier ministres . . .

Chapitre deuxième

L'ENSEIGNEMENT

Puisqu'il faut des baudets . . .

Le 13 janvier 1971

Elle fait partie de notre tradition (ou de notre folklore) et elle remonte sans doute à la « guerre des éteignoirs », cette propension qu'ont les Canadiens français à crier haro sur le baudet enseignant quand quelque chose va mal au Québec. Quand une campagne électorale chauffe à blanc la naïveté des Québécois, les enseignants en prennent habituellement pour leur rhume: on les accuse de coûter trop cher, on les accuse de faire de la propagande dans les écoles. On comprendra, dès lors, qu'avec les événements d'octobre 1970, ils y « aient goûté » davantage: un enquêteur spécial a même été nommé par le ministre de l'Education du Québec pour examiner les plaintes de propagande politique dans les écoles, présumément faite par des enseignants. On parlait de lessivage maoïste, on rapportait du brûlage felquiste de pauvres petits cerveaux malléables, sans oublier que bien des « crucifix restaient décrochés des écoles ». Puis vint le commissaire-enquêteur.

Un bon abbé rassurant, dont l'intelligente intégrité ne fait de doute pour personne, et qui fut anti-régime duplessiste par surcroît, a donc été choisi pour, comme dans la fable, trouver qui était coupable de cette maladie. Des centaines de protestations reçues, l'abbé Gérard Dion aurait retenu moins de cinquante plaintes, foi du ministre libéral de l'Education à Québec. Qui plus est, le doyen de la faculté des sciences politiques de l'Université Laval a fait connaître la procédure suivie pour l'examen des plaintes: on a rejeté les lettres anonymes et on a déféré au cabinet du Ministre les lettres partisanes politiques (! . . .).

On avouera que dans une Province qui compte quelque 80 mille enseignants susceptibles de tomber sous le coup d'accusateurs, n'avoir trouvé que cinquante cas à étudier, c'est vraiment réconfortant. D'autant plus que, comme le soulignait le commissaire, cas à étudier ne signifie pas culpabilité. Advenant qu'on trouve enfin quelques coupables enseignants, qui auraient tondu de notre pré québécois la largeur de leur langue rouge (du mauvais rouge et non du bon, bien sûr), on est de plus assuré que ces dits coupables ne seront pas jugés publiquement, et que des sanctions pesées seront apportées par les Autorités, selon les recommandations du bon abbé.

Pour l'ensemble du corps professionnel enseignant québécois, les conclusions auxquelles on est arrivé jusqu'ici nous semblent réconfortantes, ainsi que pour le public en général. On est loin des déclarations démagogiques de certains élus du peuple à la langue plus longue que le jugement. Aussi sommes-nous étonnés de voir par exemple la CEQ demander la démission, tout de go, du commissaire Gérard Dion. La Corporation des Enseignants aime-t-elle davantage voir ses enseignants jugés hypocritement par les robots anonymes de grandes commissions scolaires, robots qui punissent en refusant par miracle des promotions ou en assujettissant les « mauvais » à des écoles situées à cent lieues de leurs pénates? Ou encore, la CEQ préfère-t-elle voir un enseignant dans un milieu rural ou semi-urbain jugé par un commissaire d'école muni d'une bonne cinquième année?

L'enquête conduite par l'abbé Dion n'est pas terminée qu'on peut déjà dire qu'elle a prouvé l'éthique professionnelle des enseignants québécois. Il faudra maintenant qu'on institue une enquête auprès des hommes publics qui veulent endoctriner les Cegeps.

Quand laissera-t-on nos enseignants enseigner?

Le 29 janvier 1971

Pour ceux qui croient que l'intervention de l'Etat est une panacée universelle, le sort des enseignants « déclassifiés » peut servir d'excellente leçon de choses. Rien de mieux que cette odieuse déclassification rétroactive pour montrer ce que des engrenages bien pensés par des hommes, mais non maîtrisés par des hommes, peuvent produire d'insensé.

Depuis la création du ministère de l'Education, le Québec ne finit plus d'enregistrer des embardées de toutes sortes. Inutile de dire d'abord que ces embardées coûtent cher en argent. Elles coûtent cher aussi à une génération d'élèves et elles sont en train de faire de la profession d'enseignant public une profession intenable. On a voulu jeter par terre le système d'enseignement élémentaire et surtout secondaire que le Québec possédait avant les années soixante: on n'en finit plus de construire sur des sables souvent mouvants. Les écoles techniques et d'arts et métiers de M. Duplessis, les collèges classiques des « curés », on les blâmait, non sans raison: on se prend malgré soi aujourd'hui à y rêver . . . Mais revenons à nos enseignants « déclassifiés ».

Depuis à peu près 1960, le ministère de l'Education a encouragé les enseignants pourvus de tel ou tel brevet à suivre des cours du soir, de fins de semaine et de vacances, afin à la fois d'augmenter leurs connaissances et en même temps leurs années de scolarité, moyennant quoi le salaire montait, un peu, par groupe de crédits. Et des milliers d'enseignants de se lancer, les soirs, les fins de semaine et durant l'été, à gagner des « crédits », et passer d'un brevet ou d'un baccalauréat à un autre. Puis, le même ministère commence à décréter que tel brevet, qui valait disons 15 années de scolarité, n'en vaut plus que 14 ou même 13. D'où une dégringolade des salaires. Cela est triste et ridicule tout à la fois.

Même chose pour les enseignants qui, avec des diplômes, dans le temps les plus élevés, ont entrepris une carrière dans l'enseignement, y ont donné 20, 30 ou même 40 années de leur vie, pour voir, avec cette odieuse déclassification rétroactive, leur salaire baisser et une maigrelette pension bien méritée diminuer encore, à l'horizon.

Situation identique enfin pour des enseignants étrangers, venus ici sur la foi d'une politique d'équivalence, dénoncée rétroactivement par le même ministère! C'est de l'aberration non seulement administrative, mais humaine.

Bien sûr, il convient que le ministère aux Merveilles établisse un jour une politique générale, pour tout le territoire, d'équivalence et d'ancienneté. Non seulement cela est-il souhaitable mais indispensable. Mais pas aux dépens de milliers d'enseignants qui n'en finissent plus d'être victimes de tout le monde. En d'autres termes, que le ministère aux Merveilles prévoie, disons pour les prochaines négociations avec les enseignants, des échelles pour toutes les nouvelles recrues, soit. Mais qu'on arrête de jongler d'une année à l'autre avec la valeur de tel ou tel diplôme et de tel ou tel brevet.

Au train dont vont les choses, on peut se demander comment peuvent bien faire les enseignants publics du Québec pour enseigner? Ils sont victimes tantôt de maniaques politiques, tantôt de commissaires ignorants, tantôt susceptibles de devoir se plier à toute méthode nouvelle qu'un pédagogue en liesse, aux Etats-Unis de préférence, aura eu l'idée d'inventer.

Certains observateurs superficiels sont surpris tout à coup de voir les enseignants de Montréal perdre leur sang-froid et occuper un immeuble administratif. Ce qui m'étonne, personnellement, c'est de voir encore au Québec tant d'enseignants qui continuent quand même à enseigner. C'est de l'héroïsme!

Nos « cerveaux géants » font une découverte!

Le 16 juillet 1971

Il n'a pas trop de porter le nom du premier des apôtres du Seigneur, notre pauvre ministre de l'Education au Québec, pour devoir faire face aux responsabilités qui lui incombent au « ministère des Merveilles » où il est tombé! La sévérité des propos qui suivent ne vise-t-elle donc pas le ministre Guy Saint-Pierre et sa toute récente action, mais ne veut que faire le tour des misères du système québécois de l'enseignement.

On juge l'arbre à ses fruits. Voyons deux exemples de cet état misérable de notre enseignement public. Les enseignants qui œuvrent dans l'éducation depuis un quart de siècle admettent tous que les enfants qui quittent l'école primaire aujourd'hui possèdent de leur langue — outil de pensée — une connaissance bien inférieure à celle des enfants du même âge, sortis des écoles avant que les « cerveaux géants » du ministère des Merveilles ne viennent tout chambarder dans l'appareil québécois de l'enseignement primaire depuis une dizaine d'années. Autre exemple: portant la parole récemment devant un groupe de cégépiens québécois, un conférencier abordait en termes simples et clairs une question de l'heure: la contestation. Pris à partie à la fin de son allocution par les dits cégépiens, il demanda aux plus ardents de ses détracteurs de résumer d'abord ce qu'il avait dit, avant de s'en prendre à la pensée de son discours. Résultat: aucun élève n'en fut capable. Aurait-il eu ce même résultat, ce conférencier, devant des élèves de rhétorique, avant la venue des cerveaux géants du ministère de l'Education?

Nous convenons que ces exemples ne veulent pas tout détruire ce qui a été fait de bon dans la restructuration scolaire du Québec depuis dix ans, car d'excellentes choses en sont sorties. N'empêche qu'une proportion de plus en plus grande de Québécois commence à se demander si le Québec n'est pas en train de sacrifier toute une génération scolaire pour s'être lancé trop vite dans une réforme souvent trop inspirée, et d'une pensée pédagogique qui a failli, en bonne partie, aux Etats-Unis, et d'une manière essentiellement technocratique de voir l'éducation, de voir l'humain.

Or, à l'heure où la détérioration du français, comme instrument de pensée et d'expression, ne fait guère de doute au Québec pour une majorité de la population étudiante, le ministère de l'Education annonce qu'il va intensifier l'enseignement de la langue seconde à l'école primaire. Qu'il faille améliorer l'enseignement de l'anglais chez les petits Canadiens français, nous en sommes. Mais si commencer par le commencement est quelque chose qui a du sens au Québec, ne faudrait-il pas courir au plus pressé, c'est-à-dire voir à SAUVER LA LANGUE MATERNELLE FRANÇAISE D'ABORD?

Toutefois, il n'y a pas que de mauvaises nouvelles sur le front scolaire québécois. Ainsi, enfin, le Gouvernement de la Province décide de réduire de plus de 1,000 à moins de 200 le nombre des commissions scolaires. Cela peut laisser présager que l'appareil administratif scolaire va se débarrasser de centaines de personnes en autorité dans le domaine de l'éducation et qui n'y connaissaient goutte. Des centaines d'intermédiaires gêneurs, coûteux et souvent ignares, vont disparaître de la carte scolaire québécoise: ce n'est pas trop tôt.

Autre nouvelle heureuse, et qui en étonnera plus d'un. Le ministre de l'Education du Québec annonce que, dans ses quatre priorités pour les années à venir, se trouve la FORMATION DES MAITRES. C'est à n'en point croire ses oreilles. Les cerveaux géants du ministère de l'Education du Québec ont découvert qu'avant de jongler avec les méthodes d'enseignement de tous les coins du monde, et des USA bien entendu; avant de lancer la Province dans des restructurations terriblement coûteuses et la confection d'organigrammes qui tiennent du labyrinthe; il aurait peut-être fallu songer à commencer par le commencement, c'est-à-dire penser à la formation de ceux qui doivent former les enfants, à savoir les maîtres. Les cerveaux géants du ministère des Merveilles viendraient donc de faire deux découvertes, coup sur coup. Premièrement, qu'un taureau a des cornes; deuxièmement, que pour le maîtriser, il est préférable de le prendre par les cornes plutôt que par la queue ou les oreilles.

Si c'est le ministre Saint-Pierre qui a convaincu les cerveaux géants de son ministère de cette découverte, il est vraiment digne de porter le nom de l'apôtre saint Pierre; il a même dû lui voler une ou deux clés . . .

La guerre des modules

Le 10 septembre 1971

A l'heure de la bousculade de la rentrée des classes, il n'est peut-être pas bien indiqué de parler des problèmes de notre monde scolaire, puisque les personnes les plus impliquées dans notre vaste réseau d'enseignement n'ont que faire des réflexions des autres, ayant tout juste le temps, chacun dans sa fonction, de remplir des obligations pressantes. Reste qu'apparaissent ces jours-ci des projets nouveaux comme celui de l'élargissement des pouvoirs et des devoirs des écoles dans les milieux défavorisés, des rapports percutants sur les maux de l'appareil québécois de l'enseignement, tels le rapport Boisvert sur la « diplomite » de nos universités, et le rapport Trudel sur la vie au Cegep de Saint-Laurent, en banlieue de Montréal.

Compte tenu du piège d'une formule de commentaire qui force à aborder les sujets d'actualité mais empêche en même temps d'en faire vraiment le tour, il nous reste à exprimer quelques considérations sur les moyens d'action que toutes les bonnes volontés québécoises utilisent pour faire progresser l'enseignement. Or, déjà, le rapport Trudel sur le malaise au Cegep de Saint-Laurent parle de la nécessité d'une plus grande participation des étudiants et des professeurs à la direction des institutions scolaires. Ce rapport en étonne plus d'un: une certaine presse veut, depuis déjà longtemps, que ce soient les agitateurs étudiants et les enseignants grincheux qui soient les fauteurs de trouble dans les cegeps. Le rapport Trudel dit non. Il prétend, en somme, que l'autoritarisme administratif serait plutôt à blâmer pour la tension ou l'ennui qu'on décèle déjà dans nos cegeps tout neufs.

Cet autoritarisme naîtrait, non pas à partir de la formule du cegep, mais à partir de la mentalité des administrateurs de ces institutions, administrateurs qui viennent en droite ligne, et sans recyclage, de nos anciennes institutions d'enseignement secondaire. Sans prétendre que cela soit la clé des mystères, il faut admettre que, par exemple, à voir bien fonctionner le Cegep anglophone Vanier, tout voisin du Cegep de Saint-Laurent, on peut penser que ce soit bien la mentalité des administrateurs scolaires francophones qui soit plus en cause qu'autre chose.

A l'appui de cette hypothèse, tombe le rapport Boisvert, de Québec, sur les causes de notre faiblesse, au niveau universitaire, dans le domaine de la science et de la recherche. Le rapport Boisvert, qui émane tout droit du ministère de l'Education, parle de sclérose, de « diplomite »; on ajouterait volontiers « structurite », dans les milieux de l'enseignement supérieur francophone québécois.

Si on met toutes ensemble les critiques portées contre l'évolution de l'appareil éducatif québécois, du jardin d'enfance à l'université — encore qu'à certains niveaux la différence soit minime — force est de constater qu'une même mentalité, à des paliers divers, commence à être saisissable. Autoritarisme sectaire d'administrateurs, jargon creux derrière lequel se dissimule la paresse intellectuelle d'enseignants et hérité souvent du bredouillage sociologique américain, goût des chapelles et des chasses-gardées des uns et des autres.

Et que fait l'étudiant francophone québécois dans tout ceci? Il subit.

Et que doit faire le ministère de l'Education devant des esprits aussi compartimentés qu'irrédentistes? Un député péquiste répondait à la question en disant qu'il faudrait surtout éviter la nomination de « directeurs type napoléonien ». Au contraire, je crois que nous sortirons réellement de cette mentalité hautaine qui neutralise l'évolution heureuse de tout notre système d'enseignement lorsque l'autorité supérieure en éducation au Québec (entendre le ministre lui-même), au risque de passer pour qui on voudra, décidera de trancher dans le vif, **avec une autorité et une lucidité tout à fait napoléoniennes.**

Et tant pis pour les « modules », les « projets binaires », les « corrélations de brevets réaménagés » et les « programmes destinés à l'encadrement massif de constituantes habilitées à l'interaction dans la participation ».

Chapitre troisième

L'INFORMATION

Une mauvaise digestion

Le 26 mars 1971

« C'est à se parler qu'on se comprend. Peut-être que si on savait ce qui se passe au Canada anglais et que si les Canadiens anglais savaient ce qui se passe au Québec, on arriverait à s'entendre ». Qui parle de la sorte? Un bonne-ententiste à tout prix? Un chef politique qui veut défendre ses options personnelles? Un membre des Vigilants ou du Comité-Canada? Non, Michel Chartrand! Michel Chartrand, le fougueux syndicaliste qui rentre d'une tournée au Canada, d'ouest en est. Le leader syndical est arrivé à Montréal convaincu que les Canadiens anglais ne savent pas ce qui se passe au Québec. Pourquoi cette ignorance? Parce que les fort nombreux journalistes qu'il a rencontrés lui ont avoué ne pas comprendre ou même ne pas savoir ce qui se passe dans la Belle Province. Et Michel Chartrand de dire que ces journalistes ne sont pas informés parce que leurs patrons ne leur permettent ni de se renseigner eux-mêmes ni de renseigner leur public. Michel Chartrand a-t-il raison?

Dans son bulletin mensuel de février 1970, la Banque Canadienne Nationale déclarait qu'il « est impérieux qu'un climat de compréhension mutuelle soit établi entre les diverses parties de notre société ». La BCN admettait, comme tout le monde, que le citoyen moyen est maintenant submergé par une multiplication des nouvelles, mais admettait en même temps qu'il est bien beau d'être informé de mille et une choses, encore faut-il pouvoir mettre ces informations en ordre et les interpréter le plus judicieusement possible.

Il suffit de parcourir la presse anglaise du Canada pour voir comment le Québec y est en général mal présenté. Une enquête montrait récemment que la presse anglaise accorde la première place aux nouvelles à scandale, quand il s'agit de la partie française du pays. Dire que cela est dû aux propriétaires d'entreprises plus qu'aux journalistes, c'est une autre affaire, que je vais laisser débattre par d'autres. Mais le fait en lui-même est indéniable.

La presse française du Québec remplit-elle mieux son rôle que sa consœur anglaise du Canada? Encore là, c'est affaire de jugement et d'interprétation. Mais il est un chapitre au sujet duquel l'information canadienne-française m'apparaît fortement déficiente: c'est au chapitre des analyses et des synthèses.

On sait toute la documentation, toutes les connaissances, toute l'expérience et tout le temps dont a besoin un journaliste pour pouvoir étudier une réalité donnée, s'en imprégner ensuite pour enfin en dresser une analyse qui soit digne de ce nom. Les moyens d'information de langue française au Québec, que ce soit à la radio, à la télévision ou dans l'imprimé, répondent-ils à leur devoir envers leur clientèle à ce chapitre? Je pense que non, en général.

Ainsi, le public québécois est mis chaque jour en face d'un flot d'information de plus en plus considérable. Mais, sur le fond des choses, il n'en sait peut-être guère plus que jadis. Nous avons l'illusion d'informer en présentant la nouvelle, nous avons l'illusion d'être au courant mais, la plupart du temps, le public québécois n'est convié qu'à juger sur les apparences.

Michel Chartrand disait que les communications manquent entre le Canada anglais et le Québec et il a raison. Il aurait tout autant raison de dire qu'un tel manque de communications existe entre toutes les couches de la population québécoise elle-même.

Deux poids, pas de mesure?

Le 2 juin 1971

La semaine dernière, le député George Hees prononçait une allocution devant un club social de London, en Ontario. Le discours de l'ancien président de la Bourse de Montréal et de la Bourse canadienne était résumé par l'agence Canadian Press et envoyé ensuite dans toutes les salles de rédaction des quotidiens du pays. A peu près toute la presse du Québec a choisi de cacher cette information à la population. Qu'y disait donc monsieur Hees?

J'ai communiqué avec le député, ai reçu le texte original et l'ai étudié. Le titre: « If Quebec leaves, what then? »* Deux pivots au discours. D'abord, l'homme d'affaires-politicien déclare en substance qu'au train dont vont les choses le Québec va accéder à l'indépendance par des voies démocratiques, au cours de la prochaine, plus probablement de la deuxième élection provinciale. M. Hees établit cette hypothèse sur les opinions de personnes dignes de foi et sur des considérations personnelles touchant le revenu et l'état d'esprit de la masse canadienne-française québécoise. Et l'orateur de tirer deux conclusions possibles.

Cette tendance va s'accentuer et nous placer bientôt devant un Québec indépendant AU TRAIN DONT VONT LES CHOSES. Il faut donc changer le train des choses pour prévenir ce glissement, notamment en redressant d'une manière draconienne l'économie canadienne-française et, pour le Canada anglais, en changeant d'attitude vis-à-vis les francophones, surtout de la part de la minorité anglaise du Québec.

Deuxième conclusion ou possibilité. Le TRAIN DES CHOSES NE SERA PAS CHANGE, et alors il faut prévoir dès à présent quelles seront les relations idéales qui devront, le Québec étant devenu indépendant par voies démocratiques, prévaloir entre les Etats canadien et québécois. M. Hees répond: prévoir les relations semblables à celles qui existent actuellement entre les nations indépendantes du Marché commun d'Europe.

L'exposé est très « businessman », très pragmatique. Il faut changer vite les rapports entre les anglophones et les francophones, ou alors prévoir les modalités de nos relations à venir entre Etats indépendants et voisins. Il n'y a rien dans ce discours d'excentrique, d'alarmiste, de prophétique. Cela est si vrai que ces points de vue prévaudraient dans les milieux tant puissants que discrets de la rue Saint-Jacques et de Bay Street.

Pourtant, la plupart des milieux d'information du Québec ont caché ce discours à la population québécoise, à une ou deux exceptions près. Pourquoi?

En fin de semaine, à Kitchener, les chefs de nouvelles des quotidiens du Canada mettaient sur pied un comité qui doit fixer les normes professionnelles qui seront exigées pour tous les journalistes du pays. Un directeur d'information d'un important hebdomadaire français de Montréal a profité de la circonstance pour s'en prendre aux journalistes canadiens-français, disant que « les directeurs d'information ne peuvent plus leur faire confiance pour couvrir des rencontres de clubs sociaux ou de Chambres de commerce ».

Admettons qu'en certains cas cela soit vrai. Mais alors, ce directeur d'information montréalais pourrait-il nous dire si ce sont les journalistes qui ont décidé de dissimuler ce discours de M. Hees à la vue du public québecois, ou les directeurs d'information et leurs assistants?

J'applaudis lorsqu'il est question de fixer des normes professionnelles pour les imposer aux journalistes, à travers tout le Canada. J'applaudirais davantage si des normes similaires étaient appliquées aux chefs des nouvelles du pays tout entier. L'entente entre les deux nations deviendrait alors une possibilité . . . avec un public mieux informé.

---

* « Qu'adviendra-t-il si le Québec se sépare? »

Le Quatrième pouvoir est malade

Le 6 octobre 1971

Même en pratiquant les plus grands efforts pour ne pas être alarmiste, l'évolution de la situation au sein des moyens d'information au Québec ne peut manquer d'inquiéter.

Tantôt, on apprend qu'un article modéré, portant sur les mutations d'un centre d'information donné, est censuré court et net par le rédacteur en chef d'un hebdomadaire qui réussit encore, quoique à grand-peine, à préserver sa réputation d'antan. Tantôt, on voit les propriétaires d'une station de radio refuser des émissions radiophoniques à des animateurs, qui devaient s'affronter à tour de rôle, tout simplement parce que l'un de ces animateurs est « persona non grata » auprès des plus hautes instances politiques du pays. Tantôt encore, on voit un hebdomadaire qui défend la liberté de presse, censurer un paragraphe d'article, devrais-je dire, l'oublier, parce que ce paragraphe porte atteinte à la réputation d'un tiers parti politique québécois.

Exemples anodins, dans la mer quotidienne d'informations tronquées, triturées, dont on « oublie » un paragraphe essentiel, quand ce n'est pas la conclusion, et quand ce n'est pas la corbeille qui reçoit toute la nouvelle, au lieu du consommateur. J'ai même eu connaissance d'un directeur général d'information d'un des plus influents et des plus imposants moyens d'information de Montréal, qui a fait savoir à un chef de pupitre qu'on ne devrait pas passer l'horoscope de tel et tel personnages, jugés indésirables par la direction de l'Etablissement.

On pourra penser que j'exagère, que je veux caricaturer, que je veux m'amuser. Que non! Tout journaliste qui a touché un peu de la profession au Québec sait bien de quoi je parle, et à quels risques je le fais.

La situation du monde de l'information au Québec a atteint un état d'engorgement inquiétant. Un journaliste parisien écrivait dans Le Devoir cette semaine: « La presse de France est-elle encore libre? » Pauvres cousins français! Qu'ils viennent donc voir les ramifications souterraines, et souvent abjectes, qui paralysent, mine de rien, l'appareil d'information en place ici, à plus d'un égard, et à plus d'un endroit.

Le pouvoir politique canadien en est rendu à créer des postes d'espionnage auprès de ce qui subsiste d'information ici, et personne ne s'inquiète, apparemment. Bien sûr qu'on en a, des feuilles de papier imprimées et des bulletins d'information radio-télévisés! Mais n'est-ce pas étrange qu'on n'y trouve guère d'éléments montrant, par exemple, toutes les facettes des choses?

D'aucuns tomberont à bras raccourcis sur les propriétaires qui, souvent, interviennent dans la marche des affaires de l'information. Mais sait-on combien fortes sont les pressions exercées par certaines autorités politiques sur ces propriétaires? Sait-on que ces pressions sont suffisamment fortes, par moments, pour forcer ces propriétaires à rayer telle ou telle chronique payante, rentable, afin qu'ils aient la paix?

Pourtant, je parle ici uniquement d'information brute, non commentée. A plus forte raison, dans l'information québécoise, voit-on ou entend-on de moins en moins de critique intelligente. Celle-ci est pourtant nécessaire à une information efficace et honnête.

Une émeute? Mais non, un jeu de famille!

Le 3 novembre 1971

Depuis la violente soirée de vendredi dernier à Montréal, le public, journalistes en tête, est parti à la chasse aux responsables. C'est une merveille à voir et à entendre!

Les patrons et les anti-syndicats jettent tout le blâme sur les centrales syndicales. Les syndicalistes jettent tout le blâme sur la direction de La Presse en général, et les administrateurs, encore plus en général. D'autres en profitent pour lancer le cri de race tandis que les timorés glapissent leur frayeur devant tout ce qui bouge. La police accuse les syndicats, les syndicats accusent la police. Les gens de « l'Ouest » ricanent devant les désordres de « l'Est » tandis que des gens de « l'Est » trouvent qu'au fond les vrais coupables sont à « l'Ouest ». Et cette nomenclature en oublie pas mal en chemin.

Il est vrai que le règlement 3926 de monsieur le Maire serait un règlement antidémocratique. On ne se permettrait jamais assez de le dire! Cet entêtement à interdire les manifestations dans les rues se comprendrait un peu, s'il appliquait avec plus de jugement et beaucoup plus d'habileté et de souplesse. Mais la Grandeur ne s'accommode pas toujours des nuances, au Quirinal de la rue Notre-Dame . . .

Il est vrai que les syndicats auraient pu organiser leur marche ailleurs, ou d'une autre façon, et ne pas tenter le diable, c'est-à-dire ne pas faire savoir, trois heures avant le défilé, qu'on irait terminer la protestation dans le quartier de la place Victoria, soit à l'ouest de la rue Saint-Laurent. A « l'Ouest », qu'ils pensaient aller, les chefs syndicaux! On voit leur candeur!!!

Il est vrai que les policiers, victimes ou pas d'agents provocateurs, recevaient des pierres et des bouteilles, par ci par là, avant le début des « hostilités »; quand on connaît l'épiderme délicat de plusieurs de nos meilleurs bataillons, on ne s'étonne pas des charges au pas de course qui ont mis de la vie (...) dans les rues du bas de la ville, vendredi soir dernier.

Il est vrai également que le quotidien dont il est question, La Presse, puisqu'il faut l'appeler par son nom, a été d'une gentillesse peu commune depuis non seulement le début du « lock-out » mais, aux dires des méchantes langues, depuis fort longtemps, par exemple au- niveau de la liberté d'expression. Mais il ne faut pas croire les « on-dit! »

Parmi ces « on-dit », il en est qui veulent que le quotidien en question, objet de tant d'attentions, appartiendrait à une espèce de groupe, fort considérable, d'organes d'information, une grande famille, une famille d'intérêts. Qui plus est, cette famille d'intérêts économiques serait, au hasard, juxtaposée à une famille d'intérêts politiques, qu'il serait fort malséant même de nommer. D'ailleurs, pourquoi prêter foi à ces commérages?

Il faudrait plutôt écouter le Premier ministre du Québec, M. Bourassa qui, au sujet du conflit de La Presse, déclarait, avec la franchise qu'on lui connaît, ... (Star, 1-11-71) qu'il s'agit d'une « dispute privée entre la direction de La Presse et ses employés ». Pas davantage. Une querelle toute simple, qui n'implique pas de question de cartel d'information, encore moins de cartel de service de telle ou telle idée politique, de tel ou de tel parti politique. C'est sans doute M. Bourassa qui a raison: il s'agit d'une querelle sans envergure, au sujet de laquelle des gens s'énervent pour rien, quoi!

Un ministre de M. Bourassa, M. Cournoyer, déclarait le même jour qu'il ne savait plus tellement pourquoi on se bat à La Presse, « A MOINS QUE LE CONFLIT NE SOIT PAS CELUI QUE LA POPULATION CROIT ». Le ministre du Travail du Québec a-t-il laissé entendre qu'il en savait plus que son Premier ministre? Possible.

Mieux vaut croire quand même M. Bourassa: la querelle de La Presse est une querelle secondaire; elle ne met pas en jeu le sort de l'information au Québec; elle ne cache aucune collusion entre des capitaux et des politiciens. Cette querelle de famille, somme toute, n'est surtout pas due au fait qu'un jour il y aurait eu des gouvernements pas assez vigilants pour empêcher la création de conglomérats d'information trop puissants, au service de groupes d'influence trop connus.

M. Bourassa a sans doute raison: il s'agit d'une simple querelle de famille. Il s'agit seulement de savoir qui a lancé la tasse le premier et qui a reçu le rouleau à pâte sur l'oreille droite. A quoi sert de s'énerver? On se décoifferait, autrement . . .

« Rien ne sera plus jamais pareil »

Le 5 novembre 1971

Ce que plus d'un avait tenté vainement, c'est encore Monsieur le Maire qui l'aura réussi: la cohésion syndicale à Montréal. Monsieur Drapeau avait réussi, il y a assez longtemps, à épurer les mœurs politiques municipales; c'était un exploit, dans le temps. Monsieur Drapeau avait réussi à attacher, grâce à l'exposition universelle de 1967, autre belle plume à son chapeau. Monsieur Drapeau, sur sa lancée glorieuse, dotait Montréal d'un réseau de communication admirable, dont le métro est le chef-d'œuvre. Enfin, Monsieur Drapeau nous vaudra les jeux olympiques internationaux pour 1976.

On croyait que M. le Maire était au bout de ses grandes réussites? On se trompait. Il vient d'assurer à la collectivité un succès qu'on ne croyait pas réalisable: l'unification des forces syndicales, ponctuée d'un rassemblement de contestation dont les murs du Forum de Montréal ont répercuté les échos pacifistes et même, par moments, joyeux. Il faut en remercier M. le Maire . . . Mais ce n'est pas encore assez, il faut encore plus, car nous pénétrons dans un cycle d'évolution qui ne fait que commencer.

« Des choses sont en train de changer au Québec », de dire un orateur au ralliement du Forum de Montréal; et ce leader d'ajouter: « Rien ne sera plus pareil maintenant ». Que voulait-on dire?

Les sociétés industrielles les plus avancées, comme aux Etats-Unis, en France ou en Italie, maîtresses de leurs destinées, dans la mesure que leur permettent les interdépendances nationales, connaissent depuis un bon moment la contestation. La contestation des mal nantis qui réclament de la société moderne leur droit de participer à cette consommation de biens divers. La contestation d'une partie des milieux, nantis ou pas, qui refusent l'état de roi fainéant où le consommateur se trouve acculé dans des sociétés « d'affluence ».

Au Canada, la société canadienne-française se trouve dans un état paradoxal: celui de pouvoir participer à la contestation des sociétés d'affluence, à la contestation des sociétés mal nanties, et à la contestation des collectivités qui ne sont point parvenues à maîtriser tous les principaux leviers qui assurent à tout peuple son épanouissement normal, selon ses propres tendances et ses propres goûts.

On conviendra dès lors que notre société soit appelée, et pour des années à venir, à des soubresauts considérables, compte tenu du fait que s'affrontent et s'affronteront encore en même temps sur notre sol, des oppositions 1) entre notre intérêt national et celui des autres; 2) entre ceux qui sont bien nantis et ceux qui ne le sont pas, ce qui débouche souvent chez nous, cela va de soi, sur l'opposition entre un capital qui est chez nous mais ne nous appartient pas et une population qui est chez elle mais qui veut participer aux biens de consommation de sa société; 3) entre ceux qui sont satisfaits ou seraient satisfaits d'être réduits au rang de consommateurs-robots, et ceux qui veulent un autre ordre de choses, basé non plus sur l'acquisition de la quantité mais de la qualité, basé plutôt sur un besoin de bonheur humain et non pas uniquement sur l'accumulation de signes de bonheur, savoir: des produits manufacturés.

Compte tenu de cette analyse globale de notre état collectif, on perçoit vite que le front commun syndical qui vient de prendre forme augure sans doute des affrontements plus grands à venir, mais n'est-ce pas là la voie unique par laquelle pourront se résoudre des problèmes déjà résolus par d'autres peuples? Après quoi le Québec pourra s'attaquer aux problèmes des sociétés qui, contrairement à la nôtre à l'heure actuelle, ne sont pas industrielles que de nom.

Les chemins de fer de la vérité

Le 17 novembre 1971

Le conflit de La Presse en conduit plus d'un à d'amères réflexions. Il est normal que les quelque mille personnes touchées par ce conflit soient, pour le moins, mécontentes. Il est normal que ce conflit soulève la question de fond du phénomène de la concentration des entreprises de presse, ou encore des relations qui peuvent exister entre des entreprises de presse et des milieux politiques ou financiers. Il est encore tout aussi normal qu'on s'inquiète de voir tomber tel ou tel pan du monde québécois de l'information sous la coupe d'intérêts étrangers à notre collectivité et à ses aspirations. Mais le conflit de La Presse devrait peut-être nous porter à juger l'ensemble du problème de l'information dans notre société, plutôt que de nous inciter à en voir tel ou tel aspect, isolément.

Dans une société normalement constituée, les conflits existent en permanence entre la presse, les pouvoirs et l'argent. L'importance de l'information du public est si grande que cela est dans la nature des choses. Pour une société qui vit largement dans un état de dépendance, on comprend que ce problème devienne encore plus aigu, alors que la dite société est engagée dans une spirale d'évolution. On comprend aussi l'extrême importance que chaque Canadien français devrait apporter à l'information qu'on lui sert, puisque c'est seulement par l'excellence que notre société pourra sortir de son état de précarité, et que cette excellence ne peut être basée que sur une lucidité, laquelle ne peut s'acquérir que par une information large et honnête le plus possible.

Ne soyons point chiches et reconnaissons donc que, globalement, la profession de l'information chez nous cède de plus en plus à la médiocrité, parce qu'elle est trop confrontée aux intérêts financiers qui s'attachent à la majorité de nos moyens d'information. Parfois, ce sont des intérêts financiers qui agissent directement, parfois le font-ils par le truchement des groupes politiques. Il y a d'heureuses exceptions, mais admettons donc que cela demeure l'exception! Il faut voir, nonobstant les qualités qu'on pouvait reconnaître à La Presse d'avant le conflit, la différence d'information qu'on trouve, fabriquée par les mêmes journalistes et avec de moindres moyens, entre ce que présente le Quotidien Populaire et La Presse.

Et qu'on me comprenne bien ici: nulle intention de ma part de lancer des pierres à qui que ce soit en particulier: il s'agit de juger deux produits, fabriqués par la même équipe, mais dans un état d'esprit différent.

Le problème des communications, épineux en général, devient extrêmement aigu pour une petite collectivité en évolution rapide. Notre population a besoin d'information brute, non censurée, qui présente faits et gestes comme ils sont. Plus encore, la population a besoin d'information analysée afin qu'elle puisse s'y retrouver. Enfin, elle a besoin de commentaires et d'éditoriaux qui lui servent de points de repère et de réflexion. L'information, c'est de l'éducation. Nous en sommes pourtant réduits, largement, très largement, au Québec, à une autre équation: l'information, c'est de la propagande!

Aussi, l'urgence d'une réforme importante dans ce domaine se fait-elle plus que jamais sentir chez nous. Conseil de presse ou pas, les capitaux privés seront toujours intéressés, c'est normal, à faire de la nouvelle comme on fait des cure-dents: pour faire plus de profits. Sans pour autant songer qu'il serait nécessaire d'enlever l'information des mains de l'entreprise privée (la loi de la concurrence peut être excellente là aussi), il faudrait que la société québécoise fasse quelque chose de concret autour de deux pôles d'action, qu'il s'agisse de presse écrite, de radiodiffusion et de télévision: 1) que quelque chose se crée selon le phénomène de l'autogestion (l'idée est dans l'air, mais pas encore sur terre); 2) que le Gouvernement québécois prenne ses responsabilités et nous dote de tout un réseau d'information, à commencer par une agence de presse, en passant par une banque de documentation, pour déboucher enfin sur une presse écrite et parlée, selon une formule qui permette d'informer le public; donc, non pas de lui bourrer le crâne mais de l'éclairer, de l'éduquer, dans le sens large du mot.

Québec ferait alors mentir Barbey d'Aurevilly, qui disait un jour que « les journaux sont les chemins de fer du mensonge ».

La « Corporation du Pouvoir »

Le 8 décembre 1971

Cela était à prévoir dès le début du conflit de La Presse: viendrait un moment où, dans le déroulement du litige, ce seraient les journalistes qui écoperaient des accusations d'être les empêcheurs de tourner en rond. Cela est maintenant fait par le propriétaire (?) de La Presse, M. Desmarais; et les voix célestes de reprendre le refrain, chacune à son octave. Pourtant, c'est sur le dos des journalistes de La Presse que pèse maintenant l'une des plus lourdes responsabilités: celle de veiller au grain, au grain de la liberté d'expression au Québec, liberté plus que jamais battue en brèche.

Ce conflit de La Presse peut ressembler à un conflit comme les autres. Ou simplement paraître une répétition des conflits auxquels ce journal a habitué le Québec depuis plusieurs années. Le litige de La Presse est cependant une lutte de fond qui marquera l'évolution québécoise pour longtemps, quelle que soit son issue.

Sans doute pour la première fois de son histoire, et à cause notamment de l'expansion des moyens d'information dans la Province, le Québec assiste à un regroupement extrêmement dangereux de nombreux moyens d'information dans les mains de mêmes individus, dans les mains de mêmes intérêts. A-t-on songé que, par exemple, et sans exagérer d'aucune sorte, si un consortium d'information au Québec décidait demain de placer tel parti politique ou telle personne sur la liste noire, ce parti politique ou cet individu pourrait en peu de temps être montré à la majorité du public québécois, chaque jour, sous son aspect le plus sombre, dans la MAJORITE des quotidiens du Québec, dans la MAJO-RITE des hebdomadaires du Québec, dans la PRESQUE MAJO-RITE des stations de radio et de télévision du Québec?

Peu importe à qui appartiennent en définitive ces réseaux, qu'il s'agisse de propriétaires canadiens-français ou torontois! C'est l'existence de ces trusts d'information qui menace tout le Québec en sa liberté d'expression, en sa démocratie.

Or, qui trouve-t-on, aujourd'hui, devant de tels « holdings »? Les syndicats, bien sûr, mais, d'abord et avant tout, les journalistes. La preuve en est que c'est sur le dos des journalistes que le président-propriétaire (?) de La Presse a voulu la semaine dernière jeter l'odieux du conflit.

Pourtant, les journalistes de La Presse sont fort raisonnables dans leurs revendications, terriblement raisonnables, même, à mon humble avis. Qu'ils réclament que les chefs de pupitre soient syndiqués, afin de les soustraire aux directives unilatérales de gens qui, quoique propriétaires de presse, ne sont quand même pas des professionnels de l'information, cela est non seulement normal, c'est essentiel! Qu'ils demandent la protection de l'intégrité des textes signés, c'est encore là le minimum de décence professionnelle qu'un journaliste puisse exiger! Enfin, que les journalistes et photographes de La Presse veuillent demeurer maîtres de leurs textes et photographies après parution, s'ils ne veulent pas voir leurs travaux publiés sous forme de livre, à leur insu, quoi de plus normal? Cela est d'autant plus raisonnable que, selon des sources dignes de foi, plusieurs des journalistes et photographes de La Presse auraient été menacés de perdre leur emploi s'ils entendaient continuer à collaborer avec des éditeurs de leur choix, ou simplement ne pas publier en recueils leurs textes ou leurs dessins ou leurs photographies.

Ce ne sont que des détails mais d'importance, on en conviendra. M. Desmarais accuse « une petite minorité de vouloir tuer La Presse ». C'est là son affaire.

Il ne faudrait pas, de toute manière, qu'une petite minorité, qui n'est pas celle qu'il dit, puisse continuer à « vouloir tuer » la LIBERTE DE PRESSE par tout le Québec!

Faut-il craindre davantage un loup au loin ou un tigre dans la maison?

Le 28 décembre 1971

Pour la collectivité canadienne-française, le domaine des communications est un instrument fondamental de développement. Ou bien les Canadiens français contrôleront sainement leurs communications, qu'il s'agisse du livre, du journal, de la radio, de la télévision ou du cinéma, ou bien ils ne vaudront pas cher comme collectivité en l'an deux mille.

Dans cette optique, les projets de loi 35, 36 et 37, mis de l'avant par le ministère des Communications du Québec peuvent être vus avec satisfaction par la population française québécoise, encore que quelques inquiétudes manifestées ici et là à l'endroit de ces « bills » soient pertinentes. Selon son habitude, la presse canadienne-anglaise hurlant chaque fois que le Gouvernement du Québec avance d'heureuses initiatives pour notre propre collectivité, les craintes du Globe and Mail de Toronto nous font apparaître le « bill » 35, sur la télévision par câble, comme un projet souhaitable ... Encore que les prévisions du quotidien torontois soient fondées lorsqu'elles prévoient une collision frontale entre Québec et Ottawa, si le Gouvernement québécois est conséquent envers ses projets de loi.

Le ministère des Communications du Québec, mine de rien, avance dans ses projets de loi que le Québec, Gouvernement premier pour les Canadiens français, doit avoir la priorité dans le domaine de la télévision éducative et dans celui du câble communautaire. Mais à la lecture des trois projets de loi en question, on se prend à se demander si Québec n'est pas en train de se servir du câble comme d'un cheval de Troie afin, non seulement de prendre en main certains domaines de communication électronique, mais également de faire reculer le Gouvernement central dans ce vaste domaine.

Vu les carences évidentes et les limites regrettables qu'on peut discerner au Québec dans ces domaines, on doit se réjouir de voir l'Etat québécois avancer une législation décidée, à ce propos, et nous laisser croire qu'il va prendre ses responsabilités. C'est sans doute là que la presse anglophone voit de sombres complots québécois pour « empiéter sur le domaine fédéral » et prévoit — cela irait de soi — une collision Québec-Ottawa.

Toutefois, s'il est nécessaire que l'Etat québécois puisse communiquer directement avec ses commettants, sans s'en remettre à d'autres; s'il est nécessaire que l'Etat québécois regroupe les moyens qu'il possède et ceux qu'il compte posséder, pour « communiquer » — dans les deux sens, espère-t-on — avec la population québécoise; il est des craintes qu'on ne peut passer sous silence. Ainsi, celle voulant que l'Etat québécois ne soit en train de faire passer sous une coupe politique tout ce vaste domaine des communications gouvernementales. Il est entendu qu'entre la propagande gouvernementale extérieure et la propagande gouvernementale québécoise, tout Québécois normal préfère la sienne propre. Mais, propagande pour propagande, il est évident qu'on peut les trouver toutes détestables. Aussi, la crainte de voir tomber le domaine des communications québécoises du Gouvernement dans cette ornière paraît justifiable. Mais elle ne le paraît absolument pas lorsqu'elle condamne sans nuance et en bloc les nombreuses aussi bien qu'heureuses initiatives du Gouvernement du Québec avec les bills 35, 36 et 37.

La régie fédérale de la radiodiffusion nous afflige de certains radiodiffuseurs, aussi nombreux que puissants, pour lesquels l'abrutissement et la propagande éhontée tiennent lieu de principes. Les initiatives de communication du Gouvernement provincial seraient aussi sombres qu'on le dit, qu'elles ne pourraient certainement pas déboucher sur tant d'abrutissement et tant de propagande. Il serait, donc, beaucoup plus logique de crier contre les maux qui nous affligent à l'heure actuelle, avant que de crier contre des maux qui pourraient un jour nous chagriner. Encore qu'il soit plus facile de s'en prendre aux petits qu'aux grands!

L'information à notre image*

> « *Le grand malaise dont se plaint aujourd'hui le monde,*
> *cette angoisse générale et ce faux équilibre entre*
> *guerre et paix dont il se sent si profondément troublé,*
> *ont pour cause principale les résistances que les*
> *conceptions ou des fictions très anciennement formées*
> *opposent au déplacement du véritable équilibre*
> *vers un état de choses humaines, conforme aux*
> *conditions nouvelles de la vie.* »

Paul Valéry

Voilà ce que disait Paul Valéry à propos de ce dilemme dont il faut sortir, en luttant contre la résistance de structures dépassées qui cherchent à survivre, ainsi que contre l'attachement de certains esprits à des façons de penser ou d'agir surannées. Ce dilemme, comment ne pas le reconnaître en toile de fond de l'information, qui définit en général notre image?

Dans notre société où la technologie s'empare de plus en plus de l'homme, il n'en reste pas moins toujours vrai que cette information reste malgré tout le privilège de l'homme, du journaliste. Ce journaliste, qui est-il?

Dans les sociétés chez lesquelles les traditions civilisatrices plongent de profondes racines dans le passé, le rôle de l'informateur a eu le temps, comme tous les autres, et grâce aux autres, de trouver une expression, une pensée, une éthique, qui en ont fait, plus qu'une profession, « le quatrième pouvoir », tel qu'on l'avait déjà dépeint sous la Troisième République française. Au Canada français, comme pour tant d'autres professions, les aléas de l'Histoire ont contribué à entraver le développement normal du journalisme. Cela explique pourquoi, de nos jours encore, le métier de journaliste est souvent associé à la notion de passe-temps, sans obligation ni sanction mais avec rémunération... Aussi, ne peut-on déjà s'empêcher de déplorer en premier lieu l'absence de centres supérieurs de formation journalistique, l'absence d'une motivation pour le choix de cette profession, comme c'était le cas naguère pour la prêtrise, la médecine et le droit, et comme cela le devient aujourd'hui pour les sciences et les affaires.

Le journaliste fait partie d'une entreprise, dirigée habituellement par un patron à l'aise dans son élément. Mais dans l'exploitation de l'information, le patron est-il mieux pourvu que ses journalistes? Poser la question, c'est remonter encore à la tradition, aux écoles de formation, et c'est aussi y répondre. Mais si le journaliste, chaque jour, tout comme Mallarmé, ressent les affres de la feuille blanche, son patron, lui, doit rendre cette feuille rentable. Trop souvent au Québec, l'homme d'affaires propriétaire d'une entreprise d'information, coupé du milieu en évolution dans lequel il fait ses affaires, fait, qui de sa radio, qui de sa télévision, qui de son journal, qui de ses livres, un miroir qui ne saisit que les reflets qu'il veut. Le propriétaire d'une entreprise d'information n'oublie-t-il pas souvent qu'en sacrifiant la qualité à des impératifs lucratifs immédiats, il compromet le rendement à long terme de sa propre entreprise, se réservant des lendemains pénibles. La vie de l'information aux Etats-Unis devrait pourtant, parce qu'elle est toute proche, ramener à de plus justes calculs l'homme d'affaires canadien-français lancé dans l'information. En cela, par cette faiblesse, il n'a pas à en remontrer à son journaliste, et en cela, souvent, il entrera en conflit avec lui, au détriment et de son affaire, et de ses employés, et de la société.

Ainsi, en France et dans d'autres pays avancés, en réaction contre la tendance à faire de la presse un négoce comme les autres, a-t-on formé des Conseils de presse. Ceux-ci, transformant la propriété individuelle en société anonyme, ont-ils pu par ce biais avoir droit au chapitre, soustrayant du même coup les droits des généreux donateurs à manipuler l'information. Les entreprises ainsi conçues ont-elles pu par la suite faire face à la liberté d'expression et d'opinion. Elles ont pu aussi tout à la fois garantir leurs bénéfices, le droit du public à la vérité, et le droit du journaliste à la dire.

Partant du même ordre d'idée, et pour demeurer en France, y a-t-on vu s'élargir l'éventail des publications d'opinions ne se trouvant finalement comptables que devant le seul public. **C'est ce nouveau concept qui sortit la presse française des ruines des empires familiaux.** France-Soir, le Monde, le Figaro, le Nouvel Observateur et bien d'autres sont-ils là pour voir s'allier les notions de profit et de démocratie.

Au Québec, nous n'en sommes pas là.

La presse écrite, à quelques exceptions près, est un négoce comme les autres, il doit rapporter. Et devant rapporter des dividendes, il doit ménager les puissants. Qui dit puissant dit argent, et qui dit puissant dit autorités, lesquelles, chez nous autant, et plus qu'ailleurs souvent, servent d'abord les gros, qu'importe trop souvent les petits. Et qui dit petit, au Canada, dit le Québec français.

Un Conseil de presse québécois? On y croira quand il y en aura un, puissant et agissant.

Un double phénomène de concentration affaiblit également la qualité et l'hétérogénéité de notre information: concentration de presse aux mains de conglomérats puissants, qui utilisent leur puissance pour tenter de mâter ceux qui s'opposent à leurs intérêts. Ce faisant, ces conglomérats peuvent provoquer des réactions excessives, des oppositions outrées, tout aussi malsaines.

Autre phénomène de concentration: la sur-influence de la presse d'un centre, Montréal, sur la presse écrite de toute la Province.

Il reste aussi que nous n'avons pas l'éventail de presse écrite engagée qui permette à toutes les grandes tendances de posséder leurs canaux de communication à elles, de gauche à droite, de bas en haut. Le phénomène démographique, auquel on ne peut presque rien aujourd'hui, n'est pas étranger à cette carence.

D'autant plus que le nombre et la puissance extrêmement limités d'imprimés dégagés d'influences tant occultes que puissantes porte, naturellement, souvent, ces rares imprimés à verser dans la mentalité de chapelle, l'hermétisme, et le pontificat, rien de bien attirant non plus pour le public québécois en général.

Dans le domaine de la radiodiffusion, encore en France, le monopole d'Etat fut en partie détruit par l'apparition de la radio privée. On s'aperçut alors, une fois de plus, que l'éventail n'en avait que gagné, pour la plus grande amélioration du produit. En fut-il ainsi, chez nous? Qu'est-il advenu, depuis l'apparition de CKAC, la première station française d'Amérique? Une myriade de compétiteurs ont poussé tout autour sans pour cela, au niveau de l'information, avoir provoqué cette amélioration et cette diversification de produits de qualité qu'on était en droit d'attendre. Heureusement, la société d'Etat, Radio-Canada-CBC, malgré les faiblesses inhérentes à son statut gouvernemental et fédéral, nous garde des heures d'antennes intéressantes. La présentation du film de l'ONF, « L'Acadie, l'Acadie », en est un exemple, ainsi que les bulletins d'information de la télévision privée, dans une certaine mesure. Toutefois, un élément de la société de consommation, le téléphone, allait redonner à la radio, dans notre société en évolution, et tout en maintenant la notion de bénéfice commercial, allait faire revenir à la radio cet éventail d'opinions, plus développé qu'il ne le fut jamais. D'ailleurs, monsieur Eric Kierans, devant la commission Davey, déclarait-il ce qui suit: « Vous avez entendu les professionnels, les spécialistes, les propriétaires, mais vous n'avez pas encore entendu le public, et tant que vous ne l'aurez pas fait, vous n'aurez jamais examiné que la moitié de la question et encore, la moitié la plus facile. »

Cette citation rejoint d'ailleurs l'intérêt que porte notre population à la radio, comme le montre l'affirmation faite par M. Haynes, du Radio Sales Bureau. M. Haynes déclarait: « Les foyers du Québec sont davantage pourvus de radios que les foyers des autres provinces; 96.9 pour cent des foyers québécois sont pourvus d'appareils de radio. » M. Haynes disait encore que « les Québécois écoutent la radio en moyenne hebdomadaire deux heures et six minutes de plus que ne le font tous leurs compatriotes canadiens ».

Dès lors, on comprendra également l'engouement du public pour le défunt « Point du Jour » qui, somme toute, n'était que l'ébauche de la radio de demain ... de cette radio où le public, avec des journalistes professionnels, je veux dire aussi bien formés qu'informés, peut dialoguer sans passion du haut en bas de l'échelle de la société, afin de comprendre, de se comprendre et d'aider à comprendre. C'est là le nouveau défi de la radio, service public offert par des professionnels, rompus aux techniques de l'information. **C'est là le défi de la radio, c'est là le salut de la radio et de l'information en général: le dialogue, le dialogue constructif à volonté, le dialogue régional, le dialogue national.** Cela devrait l'être tout autant pour la télévision.

Avec cette nouvelle forme d'information, c'est encore une autre forme de tricherie qui disparaît, ce sont des mystères qui s'envolent, des idoles qui perdent leur dorure, mais hélas, tout comme la radio et les journaux, la télévision demeure malgré tout tributaire des agences de presse, sous toutes leurs formes.

Se souvient-on de l'époque encore peu lointaine où, au Québec, on n'apprenait l'information étrangère que par le biais des agences anglophones? Et l'on sait les aléas de la traduction ... Aussi, on se souviendra en même temps de l'élargissement soudain de nos horizons internationaux, quand l'agence France-Presse, pénétrant notre marché, et plus près de notre vue des choses, nous révéla la face cachée, non pas de la lune, mais de l'Amérique même ... Nous avons, je le sais, une agence coopérative de qualité, Canadian Press. Mais elle n'est guère québécoise.

Cela suffirait à nous prouver la nécessité d'une agence de presse québécoise, capable de rivaliser avec ses concurrentes voisines. Nous le pouvons. Nous le devons. Car trop souvent nos journalistes, déjà favorisés, on l'a expliqué, apprennent leur métier à partir de clichés et d'une sensibilité étrangers à leur milieu ambiant. A ce propos, on s'en voudrait de ne pas signaler la surprise du correspondant à Paris d'un grand quotidien de Montréal à la mort de François Mauriac. Ce journaliste ne put s'empêcher de manifester son étonnement lors des manifestations spontanées de sympathie qui couvrirent la France pour rendre hommage à un homme de lettres. Il ne put s'empêcher d'établir une comparaison entre le véritable deuil national que prenait la France pour un homme de lettres, un homme d'information, et l'impact que n'aurait pas eu un événement semblable au Canada français. Qu'on interroge à ce sujet nos Yves Thériault!

Quoi qu'il en soit, face à toutes ces possibilités qui s'offrent à nous pour nous informer, l'homme cultivé ne peut plus exclusivement, même si l'on peut souhaiter qu'il le soit encore dans une certaine mesure, être un connaisseur qui caresse d'élégantes reliures et s'enivre de belles formes et de belles idées d'une antiquité plus ou moins lointaine. Le Mauriac des blocs-notes l'a combien prouvé! Le voici donc devenu, cet homme cultivé d'aujourd'hui, un personnage actif, responsable de mille façons et qui, par tous les moyens, radio, journaux, télévision et téléphone, doit se tenir constamment au courant et en contact avec son temps. On doit toujours se rappeler que le peuple, en régime démocratique, doit pouvoir, en plus d'avoir de l'information, comprendre, interpréter en connaissance de cause, l'actualité. Pour cela, il a besoin des lumières des experts.

Etablie dans la société de demain, la machine sera sans nul doute l'intermédiaire inévitable de l'information, plus que jamais. Mais avant son règne, il nous reste encore, par les moyens que nous contrôlons, à rechercher l'information la plus complète et partant la plus objective possible, même s'il est malaisé de réaliser l'objectivité, dans ce tri que l'on doit forcément faire, à même une masse d'information de plus en plus volumineuse qui s'abat sur nous avec de plus en plus de pression. C'est là qu'on revient à l'importance des spécialistes, intermédiaires entre le public et ces flots d'information qu'il faut avoir su mesurer, en évitant de prendre ses propres opinions pour des nouvelles importantes. Mais cela signifie-t-il qu'on se résigne à rapporter des affirmations de personnes en autorité? On doit se demander ce qu'il advient alors des parties silencieuses de l'opinion, souvent énormes, ou des critiques dont la qualité vaut mieux que le prestige social. Dans cet ordre d'idée, est-on d'avance assuré qu'un député, sur une question précise, rapporte mieux l'opinion et le besoin de la majorité qu'un universitaire, qu'un groupe de syndiqués, ou qu'un auditeur anonyme du défunt Point du Jour? N'est-ce pas André Laurendeau qui disait, à ce chapitre, ce qui suit: « L'autorité elle-même, si légitime qu'elle soit, et quelle que soit sa conscience morale, a trop souvent intérêt à suggérer le silence dans trop de domaines, pour que le dernier mot lui revienne par le système? »

Au-delà de toutes ces considérations, il nous faut penser à la presse de demain. D'autant plus qu'il fut prouvé, lors d'une conférence sous l'égide de la Société Saint-Jean-Baptiste de Québec, que cinquante pour cent des familles du Québec ne lisaient aucun quotidien. Or, déjà, la presse va être touchée. Comment y réagira notre société? Déjà, dans un certain nombre de pays, l'ordinateur compose actuellement le journal préparé sur bandes perforées. Demain, le rédacteur en chef, devant le pupitre d'une table de commande, sélectionnera les nouvelles sur écrans cathodiques, en faisant apparaître ou disparaître tour à tour les informations. Demain encore, le citoyen aura la possibilité de tirer sur papier, sans délai, l'image transmise et d'imprimer ainsi chaque matin son journal, à partir du bulletin d'information, à son domicile. Il pourra, grâce au téléphone de demain, entendre mais aussi voir son interlocuteur à la radio. Il ne s'agit pas là d'une anticipation sortie des rêves de techniciens, ce système existe déjà au Japon et s'élabore aux USA.

Dans notre société québécoise, considérée avec le Japon comme une société au seuil post-industriel, on comprend mieux l'angoisse, l'espoir mêlé de crainte, de ceux qui œuvrent dans l'information. Aussi, cette tâche, si elle nécessite des experts, sera également la tâche de tout un chacun.

Voilà, livrées en vrac, quelques réflexions sur l'information de demain, à partir de celle d'hier. Les lacunes de celle d'aujourd'hui au Québec doivent être comblées. Travail, méthode, recherches, feront de nous de véritables informateurs. Ou notre petite collectivité disparaîtra. Ce n'est pas le défi américain, c'est le défi québécois. Et nous n'avons pas le choix!

Note de l'auteur: au prononcé de cette conférence, une large partie de l'audience parut choquée des diagnostics de cette revue. Un journaliste, alors éditorialiste à La Presse (M. Roger Champoux), déclara que je peignais un tableau bien sombre. Un autre membre de l'assistance déclara que la création d'un conseil de presse allait arranger tout ça chez nous (c'était dix-huit mois avant le conflit de La Presse!). Un éminent juriste (Me Sainte-Marie, je crois), en guise de remerciement, me pria poliment de songer à mon propre bagage d'expérience avant d'être si sévère et exprima le souhait que je sache au moins la valeur des mots que j'avais utilisés.

Moins de deux ans plus tard, le Point du Jour avait vécu, à Télémédia; des bâillons ont été de plus en plus utilisés ici et là dans l'information canadienne-française et le conflit de La Presse a suivi.

Je pense toujours avoir pesé ... mes mots, en ce qui me concerne, et trouve la situation plus déplorable aujourd'hui qu'alors, ce qui n'est pas peu dire. D'ailleurs, ce texte même a été refusé par deux éminents quotidiens français de Montréal, et les Antipropos quotidiens ont dû presque prendre congé, comme plusieurs informateurs de carrière, des Pascau, des Louis Martin, etc. Il nous reste encore le théâtre, quelques tribunes, et le livre! En attendant le jour où, peut-être, une société nationale bien canadienne-française du Québec créera quelque chose de bien canadien-français, au service du peuple d'abord, des dividendes ensuite ...

_____

* Texte de la conférence de M. Jean Lévesque, directeur des Affaires publiques à CKAC, devant les membres du Club Kiwanis-Outremont, à Montréal, le 14 octobre 1970.

Chapitre quatrième

LA LANGUE

Le Québec a besoin d'un nouveau Frontenac

Le 26 février 1971

Nous savons à quel conditionnement et à quelle propagande subreptices et constants sont soumis les immigrants qui arrivent au Canada, en ce qui concerne la société française du pays. Plusieurs autorités et les moyens anglophones d'information se partagent là-dessus une responsabilité conjointe qui n'a rien de glorieux. Aussi, ne faut-il pas s'étonner de voir le mépris qu'affichent à notre endroit tant de nouveaux venus au Canada, même de langue française: ils sont conditionnés.

Compte tenu de cet état de choses persistant, il est remarquable de voir nombre de nouveaux venus s'intéresser quand même à nous, dépasser le rideau psychologique qu'on a voulu tendre entre les immigrants et la société francophone d'ici, et finalement, se les immigrants et la société francophone d'ici, et finalement se février, le journal hongrois de Montréal, Magyar Hirlap, écrit ce qui suit au sujet de l'affaire de la langue au Québec:

« Le piquant de l'affaire — que la plupart des immigrants sont incapables de comprendre — c'est que les Anglais québécois sont les descendants des ancêtres établis au Québec voici plusieurs générations, mais ne parlent pas un seul mot de français. »

L'affaire est déjà piquante lorsqu'on constate cette fin de non-recevoir d'une minorité comblée de privilèges au Québec; elle devient encore plus piquante, pour reprendre le mot du Magyar Hirlap, lorsqu'on voit les virevoltes du Premier ministre du Québec au sujet de la langue française.

Déjà, M. Bourassa avait fait quelques bons mouvements de gymnastique lorsqu'à genoux devant General Motors il suppliait cette compagnie, non de donner préséance, dans son usine québécoise, à la langue de la majorité québécoise, mais d'y accepter, si nous avons bien compris, le principe du bilinguisme. On sait que ce premier mouvement de gymnastique eut un résultat à toutes fins négatif, en tout cas dans l'immédiat.

Après la gymnastique de Sainte-Thérèse, celle d'Ottawa. On parle d'amender la constitution pour donner aux langues secondes le même statut dans toutes les provinces: même statut pour l'anglais au Québec que pour le français dans les provinces anglaises. Et la minorité anglophone de Montréal de s'énerver, d'où un nouveau mouvement de gymnastique de M. Bourassa. « No loss of rights », titre à la une, le Montreal Star du 20 février, prêtant cette phrase au Premier ministre du Québec. Quand on sait que, pour nos quelques dizaines de milliers d'anglophones du Québec, le mot droit équivaut à privilège, on déduit vite la suite . . .

M. Bourassa a, sur les bras, un problème des plus aigus, celui de la langue française au Québec. Mais il est le chef du seul Gouvernement francophone d'Amérique du Nord et personne ne l'a forcé à accéder à ce poste, que nous sachions. En 1971, le seul fait de détenir ce poste lui confère une responsabilité fort lourde, celle de défendre la seule société homogène française de notre continent. Or, le temps n'est plus au « finassage », aux roucoulements et aux phrases creuses: le temps est à l'action. Avant d'accéder au pouvoir, M. Bourassa savait, nous l'espérons, que la minorité anglophone de Montréal défendrait avec tous les moyens ses privilèges. Il devait aussi savoir que la population majoritaire française entendait de moins en moins lésiner sur le sort de sa langue et qu'il faudrait légiférer dru pour protéger cette loi avec autre chose que des accroche-cœurs. LE FRANÇAIS, LANGUE OFFICIELLE DU QUEBEC, AVEC UNE LANGUE SECONDE OBLIGATOIRE: ceci amènera nécessairement une certaine migration des éléments racistes hors nos frontières; mais quelle est l'autre option, sinon l'assimilation pour nous?

Tous les Québécois qui veulent savoir si M. Robert Bourassa est réellement le Premier ministre de la Province française qu'est le Québec, ne peuvent cependant attendre moins de lui que cette législation faisant du français la langue du Québec.

« . . . bandes de caves! C'est assez! »

Le 12 mars 1971

Ah! Cette petite phrase placée un peu en retrait sur la murale du Grand Théâtre de Québec, comme elle peut être fière d'elle: elle mobilise à elle toute seule plus d'énergie en quelques jours que les problèmes conjugués de la constitution, de la pauvreté et de la survivance nationale. Va-t-on l'enlever? Va-t-on pudiquement la couvrir d'un drapeau unifolié, qui en a couvert d'ailleurs bien d'autres? Intéressant suspense. Réflexion faite, pourquoi ne pas la laisser là, la petite phrase. Un peu dans l'ombre, derrière les plis d'un drapeau s'il le faut, mais là quand même, dans le béton?

Loin de moi l'intention de croire que l'auteur de la jolie petite phrase a voulu profiter de l'occasion pour se payer la tête des citoyens de la Vieille Capitale, tout en se faisant un capital de publicité. La preuve en est qu'il s'en prend à Roger Lemelin comme à un « arriviste à la cenne ». Il est vrai que Lemelin n'est point pauvre et qu'il reçut certainement une partie de ses avoirs en véhiculant des années durant le « joual » qu'il renie aujourd'hui, cette fois depuis la Haute ville.

Par ailleurs, l'auteur déclare que sa phrase est un « cri d'amour » et qu'à ce titre on ne doit pas l'effacer. C'est un raisonnement qui porte. On n'efface pas aujourd'hui les dessins que l'on trouve dans les cavernes, on leur donne même un prix élevé. Ces dessins nous montrent comment les hommes des cavernes exprimaient leur amour, sur la pierre de leurs antres. A ce titre, c'est vrai,

« on n'efface pas les cris d'amour », on les conserve, pour qu'ils puissent servir de points de repère aux générations du futur qui voudront étudier le niveau d'évolution où, par exemple, se trouvait l'homo quebecensis en 1971. Certains prétendent qu'il s'agit d'argot. « Les gueux et les voleurs ont un argot; mais quel état n'a pas le sien? » demandait Voltaire. Et il ajoutait: « Les théologiens et surtout les mystiques n'ont-ils pas leur argot? » Voilà. Il y a une petite partie de la population québécoise pour laquelle, par exemple, le « joual » est non seulement l'argot d'aujourd'hui, mais l'expression idéale du Québécois authentique d'aujourd'hui et de demain. Cette forme d'expression consiste en un vocabulaire plutôt grossier, pris à même des sources française et anglaise mélangées, vocabulaire n'excédant pas les 200 ou les 300 mots, le tout à demi prononcé, et syncopé.

L'auteur de la phrase désormais fameuse, c'est admis, n'a pas voulu choquer la Vieille Capitale, n'a pas voulu se faire du capital personnel, il a voulu exprimer un « cri d'amour » pour l'humanité qui, bon an mal an, voit quelques millions d'hommes glisser vers la mort. L'auteur s'est exprimé, pour se faire comprendre, avec ce qu'il croit être le langage des « Québécois véritables ». La postérité pourra en tirer deux choses. Ou les « Québécois véritables » vont adopter tous ensemble le « joual » et on dira en l'an trois mille: voyez comment s'exprimaient les Québécois dans la dernière étape sur la voie de leur disparition. Ou les « Québécois véritables » vont évoluer, et l'on dira en l'an trois mille: voyez comme les Québécois ont dû monter de loin, pour en arriver finalement, comme collectivité, à l'âge adulte d'une nation civilisée.

Une guerre à notre image

Le 19 mars 1971

Cette guerre verbale autour de l'usage du français au Québec finit par faire sourire. A peu près tout ce qu'il y a de sensé dans la Province reconnaît que le français est menacé au Québec et, à travers lui, l'existence de la communauté francophone. Même Mme Sophie Wollock et son « Suburban » ont des phrases tendres pour la langue de Molière et la protection dont on devrait l'entourer. Mais un seul mot et tout éclate. Ce mot: l'unilinguisme! L'Angleterre connut sa Guerre des deux Roses. Pourquoi n'aurions-nous pas notre Guerre des deux Langues?

Est-ce de la candeur? Je pense que si personne de sensé ne met en doute la situation précaire de notre langue en Amérique du Nord, personne de sensé non plus ne met en doute qu'il faille le plus possible connaître d'autres langues, et l'anglais d'abord, puisque nous habitons le seul continent à majorité anglaise du monde. Puisque tout le monde est d'accord, ou à peu près, avec ces deux prémisses, alors comment se fait-il que peu de personnes arrivent à une même conclusion? C'est sans doute le ministre Claude Castonguay qui a la réponse: « **La population québécoise fait preuve d'un manque de maturité devant les problèmes . . .** »

La Société Saint-Jean-Baptiste de Montréal, M. Angers en tête, prône l'unilinguisme au Québec comme moyen de sauver le français ici. Si on prend la peine d'écouter la plupart des « unilinguistes », on se rend compte qu'ils n'en ont pas contre la nécessité de posséder l'anglais dans certaines sphères, d'utiliser l'anglais dans certains milieux, d'enseigner l'anglais et, souvent, en anglais, à l'école. Ils voudraient tout simplement que le français soit reconnu comme étant la langue de la communauté québécoise. Mis à part le droit des parents de choisir la langue d'enseignement à leurs enfants, c'est exactement ce que préconise le Conseil du Patronat du Québec dans sa déclaration de mardi. Le Conseil, en quatre paragraphes, demande à toutes fins pratiques l'extension du français, langue de la majorité, à tous les secteurs de la société. Mais dans le même texte, le Patronat s'élève avec vigueur contre l'unilinguisme et toute législation favorisant dans les textes de loi ce qu'il préconise en pratique. Au fond, le Patronat est en faveur de la chose pourvu qu'on ne lui donne point de nom.

Il ne m'a pas été donné de rencontrer quelqu'un qui rêvât au Québec d'unilinguisme français à l'échelon continental ou international. Aucun groupe important ne semble avoir jamais parlé de la sorte. Pourquoi donc tant crier au loup, si ce n'est pour créer de la confusion? Pourquoi alors chercher à créer cette confusion sur le sens du mot unilinguisme, et sur les intentions de ceux qui s'en servent publiquement, sinon pour faire l'affaire des seuls véritables et authentiques unilinguistes que le Québec compte, c'est-à-dire une partie de la minorité anglophone du Québec qui n'a jamais voulu entendre, parler et utiliser un seul mot de français dans la Province? Après tout, cette confusion, elle ne se crée pas toute seule et elle doit bien servir quelqu'un?

« La langue du chômage »

Le 4 novembre 1971

La Fédération des travailleurs du Québec vient de présenter à la commission Gendron un mémoire sur le français, langue de travail au Québec: une somme de près de cent pages, marquée au coin du bon sens, et qui allie au sens du concret une limpidité admirable. Pas d'excès, pas d'élucubrations, pas de jargon: on voit qu'il s'agit d'un travail de réflexion fait par des gens qui connaissent le concret de la vie quotidienne dans la Province. Le tout est dépourvu d'animosité et de partisanerie politique. C'est un travail remarquable qui devrait être mis entre les mains du public.

Les statistiques et les exemples choisis dans le monde québécois du travail ne semblent guère pouvoir être mis en doute et étayent en annexe les avancés puis les recommandations de la FTQ. A ceux qui voudraient dénoncer la demande de la FTQ de faire du français la langue de travail dans notre Province, le mémoire barre la route avec maints exemples. Ainsi, on y apprend qu'il est possible pour des compagnies aériennes d'avoir au pays des pilotes de langue française. « Pour ce qui est des pilotes, il n'y a que 5% de francophones (bilingues) », à Air Canada, observation prise à Dorval. Et le mémoire de poursuivre: « Cette faible représentation des francophones s'explique par le fait qu'Air Canada fait son recrutement parmi les pilotes de l'armée. Québecair, en recrutant ailleurs, a à son emploi une majorité de pilotes francophones. » Il ne faut pas être un génie ou un Premier ministre pour comprendre dès lors que, s'il existait une législation pour exiger des compagnies aériennes faisant des affaires au Québec qu'elles embauchent des personnes parlant d'abord la langue de la Province (sans compter l'anglais ou [et] d'autres langues), la situation deviendrait tout autre et plus de Canadiens français trouveraient des débouchés dans ce secteur, comme dans tous les autres.

La fameuse question de la nécessité de savoir l'anglais pour accéder aux postes supérieurs dans les milieux d'affaires au Québec y trouve également son compte. Parlant de la United Aircraft de Longueuil, la FTQ déclare: « Il va sans dire que les francophones sont à peu près absents des cadres supérieurs de la compagnie. » Encore là, en admettant que pour être cadre supérieur d'une compagnie, il faille parler l'anglais, ce qui n'est pas prouvé d'ailleurs, on comprend vite qu'une loi obligeant les compagnies à pratiquer une politique préférentielle pour les francophones (dussent-ils être bilingues) mettrait là, comme partout au Québec, fin à une véritable ségrégation qui, dans les faits, ouvre les postes intéressants dans ces domaines à des anglophones unilingues venant de tous les coins du continent ou d'ailleurs et les ferme en même temps à des francophones d'ici, quelle que soit leur compétence.

Ce long, documenté et fort honnête mémoire dit ce qu'il faut dire et fait bien comprendre qu'à part certains secteurs particuliers et très peu nombreux, de haut en bas de l'activité économique et sociale du Québec, une loi faisant du français la langue du travail, appliquée selon un échéancier qui permettrait aux compagnies de s'adapter, changerait du tout au tout en un laps de temps raisonnable l'image linguistique du monde du travail ici, sans qu'il faille passer par une révolution.

Un éminent professeur de Polytechnique de Londres, Dr Clive Schmitoff, prenait récemment la parole à McGill au cours d'une rencontre sur les influences des capitaux étrangers sur l'économie européenne. Le professeur déclarait que le danger de la domination étrangère n'existait guère dans les pays européens. Une seule tentative de domination étrangère, par exemple dans le milieu bancaire et de l'épargne, serait-elle faite en Angleterre, disait-il, que la loi britannique des compagnies, votée il y a belle lurette, empêcherait cette tentative, qu'elle soit faite directement ou indirectement.

Si la Grande-Bretagne, comme la plupart des pays d'Europe, possède de telles lois, dans un secteur aussi susceptible de pressions de toutes sortes que celui de la finance, à plus forte raison est-il possible pour un gouvernement qui gouverne (entendre qui protège ceux qui l'ont élu) de mettre de l'avant une loi protégeant la langue nationale d'une collectivité. Mais nous sommes en train de parler de l'Europe et de la Grande-Bretagne, et on sait qu'un océan nous sépare, à ces chapitres-là comme à bien d'autres.

Chapitre cinquième

LES MINORITÉS

Un enracinement collectif

Le 20 janvier 1971

Un observateur sagace a déjà comparé le sort des Canadiens français à travers le Canada à celui des Juifs dans le monde. Quoique à des niveaux différents et pour des raisons autres, il faut admettre que cette comparaison, pour demeurer boiteuse comme toute comparaison, supporte très bien la lumière crue de l'analyse et, réflexion faite, nous laisse plus songeur . . .

Au Canada, un certain racisme anglo-saxon (pourquoi ne pas appeler les choses par leur nom?) prévaut depuis longtemps dans les rapports entre les anglophones et les autres. Parmi tous ces « autres », il y a d'abord le groupe francophone, par le nombre ainsi que par l'histoire. Ne nous étendons pas sur nos problèmes, mais songeons que divers groupes en ont de semblables, dont les Juifs. Au Québec, ils sont quelque 135 mille. C'est le groupe ethnique qui, après les Italiens, s'intéresse le plus à la langue française.

Comme la fin de notre siècle semble caractérisée par l'envoi aux orties de bien des hypocrisies, il est normal que la société québécoise sente les courants d'air internationaux, attrape le rhume et éternue. Il est normal qu'en sortant du brouillard dans lequel on était en train de les asphyxier, les Canadiens français retrouvent le sens de leur identité comme celui du réel. Dès lors, quelle minorité ethnique autre que la juive pourrait nous comprendre davantage et saisir, la première, l'intérêt que nous avons, eux et nous, à nous rapprocher pour défendre loyalement nos identités?

Il n'est pas étonnant que ce soit un Juif, le Ministre d'Etat à l'Education, le Dr Victor Goldbloom, qui déclare que « dans le cas des non-francophones qui apprennent le français, ni le vocabulaire ni l'expérience de la discussion ne sont suffisants pour qu'ils soient vraiment capables de participer à ce qui se passe actuellement au Québec: « IL FAUT AVOIR VECU EN FRANÇAIS ».

Il n'est pas étonnant non plus que ce soit la communauté juive de Chomedey, en banlieue de Montréal, qui soit la première communauté ethnique de la région métropolitaine à vouloir sortir ses enfants des « high schools » pour les inscrire à des écoles secondaires francophones, pour simultanément « les perméabiliser à la culture canadienne-française et suivre les cours de religion et de culture hébraïques ».

Il convient de noter ici que si une telle initiative est tout à l'honneur de la communauté juive de Chomedey, elle l'est tout autant pour celle de la Commission scolaire régionale Maisonneuve. Il y a longtemps que de telles initiatives auraient dû être prises ailleurs, mais Laval est une ville nouvelle, elle ... et la rivière des Prairies la sépare par exemple de TMR.

Cet éveil de groupes juifs et français à une similitude d'intérêts au Québec est prometteur. Il s'inscrit dans la logique des choses. Et il trace la voie à toutes les autres cellules de la communauté québécoise. Des errances séparées ont toujours avantage à se conjuguer en un enracinement collectif.

Les bons sauvages et les autres

Le 9 mars 1971

La commission d'études sur l'intégrité du territoire du Québec, présidée par M. Henri Dorion, vient de publier son quatrième rapport qui porte sur les Amérindiens. En gros, la commission

Dorion propose que les Blancs décident de faire de l'Amérindien québécois (indien et esquimau) un citoyen comme les autres, avec des droits similaires à ceux des Québécois, mais avec certaines compensations spéciales pour les privilèges que ces derniers perdraient. La commission Dorion propose de faire disparaître les fameuses « réserves » et de les remplacer par des municipalités amérindiennes « ayant les droits et privilèges des municipalités du Québec en plus de certaines mesures de protection ».

On ne s'étendra pas sur les faits suivants, on les énumérera seulement: depuis l'arrivée des Blancs, **les Amérindiens ont été les victimes de la cupidité des conquérants.** Après avoir finalement gagné le droit aux « réserves », les Amérindiens ont été constamment les victimes des négociants et des administrateurs canadiens: Ottawa n'a eu de cesse de tout mettre en œuvre pour les assimiler, eux aussi ... Le Québec français, lui, a-t-il fait mieux jusqu'ici?

C'est seulement depuis moins de dix ans que les autorités québécoises ont commencé à s'intéresser aux Amérindiens. N'empêche que l'on en est uniquement aujourd'hui au stade du commencement et des rapports. Ne nous appesantissons pas sur le contentieux Québec-Ottawa sur cette question: en ce domaine comme dans les autres, il y a querelle larvée, n'en déplaise aux hommes publics qui prétendent le contraire. A l'heure qu'il est, a-t-on vu dans quel état notre « civilisation avancée » a laissé par exemple les Indiens de Caughnawaga? Sait-on dans quel état de croupissement humain se trouvent les Indiens des réserves de la région allant de Chibougamau à la baie de James? Sait-on aussi comment on exploite un grand nombre d'Amérindiens dans le nord québécois, que ce soit de la part de la population blanche en général, ou de la part de représentants de gouvernements et de compagnies en particulier?

Voilà cependant qu'un rapport sur la question amérindienne est publié à Québec. Déjà il y avait eu un commencement d'action dans le but de rendre à nos Amérindiens leur dignité d'hommes.

Mais le ton du rapport Dorion, en dépit du nombre de recommandations pertinentes, peut être inquiétant. Le rapport s'en prend au paternalisme passé et présent des Blancs, mais lorsqu'il propose qu'on abolisse les réserves et qu'on crée des municipalités aux Amérindiens, pour ensuite leur permettre d'avoir un député à Québec, s'est-on éloigné pour autant du paternalisme ou ne le présente-t-on pas simplement d'une manière plus souple et plus attrayante?

Aimerait-on, par exemple, que le Gouvernement fédéral décrète, disons de pair avec le Gouvernement américain, qu'un de ces jours Ottawa « permette » aux Canadiens français du Québec de vivre sur tel territoire, en déterminant quel sera le nombre de représentants que nous pourrons avoir ou ne pas avoir, selon le désir du Prince ou du Maître?

La civilisation amérindienne est en voie d'extinction chez nous. Nous avons réduit les Amérindiens à l'état où ils se trouvent. Nous avons le devoir maintenant d'assurer aux Indiens et aux Esquimaux leur droit à choisir la forme d'administration qu'ils veulent; la forme de collaboration qu'ils désirent avoir avec nous; et, pour réparer, si cela est possible, les injustices du passé, nous devons savoir leur ménager les moyens de retrouver leur langue et leur culture propres, et une initiation suffisamment prudente à la nôtre, afin qu'ils ne viennent pas s'y perdre, mais puissent y trouver seulement ce qui leur sera utile. Le Québec français commence à s'intéresser aux Amérindiens qui se trouvent sur son territoire. Mais, comme le soulignait à Vancouver il y a plusieurs semaines le chef Max Gros-Louis, de l'Ancienne-Lorette, « les Québécois nous traitent encore de sauvages, et cela même à l'Assemblée nationale . . . ». Cela montre qu'il y a du chemin à parcourir, que le rapport Dorion en est une bonne étape, mais qu'il faudrait bien un jour que le Québec français soit capable de reconnaître aux premiers maîtres de notre pays un droit certain à l'autodétermination, avant que de réclamer ce droit pour lui-même . . .

Langues pendues et langues fourchues

Le 16 avril 1971

Le rapport Dorion sur le domaine indien au Québec, remis au Gouvernement Bourassa en février de cette année, a rencontré plus d'attention que prévu dans le public, et un mouvement d'opinion semble depuis lors avoir pris naissance, au sujet des attitudes que devraient ou ne devraient pas prendre les autorités québécoises au sujet des Indiens et des Esquimaux vivant sur notre territoire. Signalons simplement, en guise d'exemple, plusieurs éditoriaux, des études faites par quelques grands quotidiens, dont l'Action de Québec et La Presse de Montréal, des réactions d'Amérindiens connus dans notre société, tels MM. Jean-Paul Nolet et Max Gros-Louis. Enfin, cette semaine encore, une page entière du Globe and Mail de Toronto est consacrée au sort infamant imparti aux Métis et aux Cris du Manitoba. Il semble enfin que le sort des Amérindiens du pays commence à intéresser, voire à préoccuper, les Canadiens.

Trois opinions diverses ont attiré notre attention, par leur originalité. Ce texte de Jean-Paul Nolet, publié à Montréal à la fin de mars, et qui fait dire à son père, un Abénakis: « Nous autres parlons peu. C'est peut-être parce qu'on nous a fait taire depuis des siècles, ou que nous avons pris le parti de réfléchir, je l'ignore. » Et plus loin ... « Beaucoup de choses ne sont jamais dites ... » Et encore plus loin: « ... il y a dans l'air un goût de recommencement ». Cette phrase d'espoir correspond-elle à la réalité, nous osons le croire.

Une autre voix qui s'est fait entendre, plus récemment encore, c'est celle de Max Gros-Louis, chef du village huron de Loretteville, et secrétaire-trésorier de l'Association des Indiens du Québec. Ce dernier parle, on le sait, sans nuances, et les chiffres pour lui ne sont pas embarrassants. Récemment, il réclamait pour les siens 85 pour cent du territoire du Québec. Hier, il rejetait toute juridiction québécoise possible sur ses semblables, pour s'en tenir au fédéral. Du même coup, pourtant, Gros-Louis réclamait pour les Indiens des structures économiques propres à l'intérieur de leurs limites. Ne serait-ce pas le Québec qui serait le mieux placé pour répondre à cette aspiration qui semble à la fois logique et légitime?

Hier encore, M. Gros-Louis déclarait que ce sont les Indiens du Québec qui sont les plus mal servis de tout le Canada. Est-il sincère ou ignorant de la réalité? Bien sûr, le sort fait aux Indiens du Québec n'est pas intéressant, il est souvent ignominieux. Mais le chef de Loretteville sait-il que, souvent, ce sort mauvais est dû à des intérêts privés qui n'ont rien à voir particulièrement au Québec, ou encore est dû à des bois mis dans les roues par des Gouvernements qui n'ont rien à voir à celui du Québec? Et sait-il la misère des autres Indiens du Canada dont le Globe and Mail parlait cette semaine encore?

Tous les hommes de bonne volonté au Québec désirent voir fleurir sur notre territoire une société amérindienne autodéterminée. Mais pour cela, il faudra bien que s'arrêtent en même temps les langues fourchues de certains Blancs, et les langues trop pendues de certains Amérindiens, pour qu'une action toute de collaboration soit entreprise afin que le Québec contribue à sauver puis faire s'épanouir sur son sol la culture amérindienne. Le Québec est d'autant mieux placé à ce chapitre que, selon des études sérieuses, il peut avoir la conscience en paix pour travailler: il n'a usurpé aucun droit indien **puisqu'à l'arrivée de Champlain** aucune nation indienne n'habitait le territoire québécois: des groupes migratoires y passaient l'été, et quelques-uns d'entre eux vinrent s'établir au Québec actuel sur l'invitation des Français d'alors. Si cela peut calmer des consciences et faire diminuer certaines récriminations inflationnaires . . .

Faut-il subventionner l'agonie?

Le 25 août 1971

L'hebdomadaire « La Liberté et le Patriote » de Saint-Boniface, le seul journal français du Manitoba, est sur le bord de la faillite. Les Oblats ont abandonné la publication aux mains de la Société franco-manitobaine l'an dernier. Cette année, l'hebdomadaire manitobain francophone ne tire qu'à 4,200 exemplaires: à moins d'une aide gouvernementale ou autre « La Liberté et le Patriote » va disparaître. Le Gouvernement fédéral a été prié d'apporter une subvention. Doit-il intervenir?

Pas de sentiment: des faits et des chiffres.

En 1916, le gouvernement de Winnipeg fermait toutes les écoles françaises du Manitoba. En 1966, le même gouvernement permettait quelques heures d'enseignement de français chaque semaine. Avec le gouvernement néo-démocrate de M. Schreyer, l'automne dernier, par le bill 133, enfin, l'instruction en français était autorisée au Manitoba, à compter du jardin d'enfance jusqu'à la fin de la douzième année. Le régime public mettait le français sur le même pied que l'anglais. A-t-on vu une ruée des francophones manitobains vers l'école française depuis? Non! Un grand nombre de Manitobains français hésitent à envoyer leurs enfants à l'école française maintenant permise, car ils craignent que, par la suite, ces enfants ne puissent plus tard se tailler une place dans la société manitobaine. Ont-ils tort?

Au recensement de 1961, 60,900 personnes se réclamaient du français comme de leur langue maternelle, au Manitoba. De ce nombre, quelque 40,000 vivaient dans le sud-est manitobain et environ 27 mille de ces derniers étaient regroupés dans la région de Winnipeg, surtout à Saint-Boniface. A Saint-Boniface même, les Manitobains français représentaient 36 pour cent de la population.

Les mêmes statistiques nous apprennent qu'en 1961 les francophones manitobains représentaient la quasi-totalité des personnes bilingues dans cette province. Enfin, le même recensement indiquait un taux réel d'assimilation de 42.5 pour cent. A considérer la courbe d'assimilation des nôtres dans cette province depuis le début du siècle, il y a tout à parier que le taux d'assimilation aura atteint 50% des francophones manitobains au recensement de cette année.

Ayant laissé parler les faits et les chiffres, faut-il s'étonner que le seul journal français manitobain soit en voie de disparaître? Il me semble qu'il faille plutôt s'étonner de voir qu'il en subsiste encore un!

Faut-il alors blâmer les Manitobains français qui se laissent assimiler? Un Montréalais serait bien mal placé pour le faire... Peut-on vraiment blâmer des parents qui veulent voir leurs enfants réussir dans la vie manitobaine et, pour ce faire, les envoient fréquenter l'école anglaise, alors qu'il est évident que, désormais, aucune réelle vie française totale — économique, financière, sociale, culturelle — n'est possible dans cette province, en dehors de réunions de salons et de commerces du coin.

Le tragique de nos cousins manitobains est là. Le député Larry Desjardins de Saint-Boniface déclarait en décembre dernier que si le bastion français de sa circonscription tombe, c'en sera fait du fait français au Canada, à l'ouest du Québec. Mais le bastion est-il encore debout? Et faut-il demander à une jeune génération de Franco-Manitobains de sacrifier leur carrière à la survie d'une culture là-bas folklorique, ou s'il ne faut pas plutôt inviter ces jeunes à rallier la seule région où le futur d'une vie française au Canada est encore possible, c'est-à-dire le Québec?

Ces propos paraîtront durs à d'aucuns. Mais mourir à petit feu, n'est-ce pas mourir quand même?

Chapitre sixième

LA POLITIQUE ÉTRANGÈRE
DU CANADA

Singapour ou la vraie diplomatie
et les autres

Le 3 février 1971

La chose qui aurait irrité le plus le Premier ministre Heath de Grande-Bretagne à la conférence du Commonwealth aurait été la constatation qu'il a faite à l'effet que la plupart des chefs d'Etat réunis pour discuter de questions communes ignoraient les données essentielles des problèmes majeurs. Parmi ces problèmes majeurs, la question de la vente d'armes anglaises à l'Afrique du Sud. La délégation britannique en serait restée bouche bée lorsqu'à la fin de la rencontre nombre de chefs d'Etat africains... et autres, admirent qu'ils n'avaient pas étudié l'entente de Simonstown. Cette entente étale les conditions auxquelles les Sud-Africains sont soumis dans leur achat et leur utilisation d'armes britanniques, conditions comprenant une surveillance bipartite.

La délégation britannique, avec en tête M. Heath, serait rentrée à Londres bien déçue. Elle s'attendait à une rencontre de travail. Elle a rencontré des maniaques de la propagande et des touristes. Pourquoi, dira-t-on alors, le Commonwealth n'a-t-il pas éclaté? La réponse est plus simple que celle que recouvrent tant de dépêches et surtout de comptes rendus de presse qui sont plus des morceaux de propagande qu'autre chose.

L'Afrique noire tire un surplus de quelque 400 millions de dollars par année de son commerce avec la Grande-Bretagne. S'imaginait-on que ces pays africains allaient jeter leurs économies en équilibre à l'océan pour défendre un principe qui ne les touche guère? Ce principe de l'égalité raciale les touche souvent si peu que plusieurs d'entre eux manifestent un sentiment anti-blanc dont les livres sterling de Londres arrondissent à peine les angles. Nombre de chefs d'Etat, et pas tous africains, se sont rendus à Singapour d'autre part pour y trouver une tribune de propagande politique afin de se mieux faire voir, de retour chez eux. On l'a bien vu, et pas seulement en Afrique. Enfin, la motivation de plusieurs autres touchait plus au tourisme et aux plaisirs sociaux qu'à l'étude de dossiers fournis de chiffres et de faits. Bref, M. Heath rentre à Londres déçu. Déçu sans doute par le manque de sérieux d'une majeure partie de ses vis-à-vis à la conférence. Mais peut-être pas déçu sur toute la ligne.

Le Commonwealth est devenu un boulet aux pieds des Britanniques. On a déjà dit que Londres y souffre un déficit annuel de balance commerciale de quelque 400 millions de dollars vers l'Afrique noire. On pourrait aligner des colonnes de faits et de chiffres à l'avenant. En plus, ce boulet, il nuit à l'entrée de Londres dans l'Europe, là où est son avenir. Au fond, si le Commonwealth commençait à se diluer et à se perdre dans les méandres des commissions d'enquête à la canadienne, ne serait-ce pas une belle manière de s'en débarrasser? Le Premier ministre du Canada, dit-on, aurait été l'un des promoteurs de ces commissions d'enquête à créer pour régler les problèmes du Commonwealth. Il en connaît quelque chose, M. Trudeau, de ces mécanismes.

Enfin, doit-on parler du rôle du Canada au cours de cette dernière rencontre du Commonwealth? Alors que le Star de Montréal titre « Triomphe de Trudeau à Singapour » — cette habitude de plusieurs de nos compatriotes anglophones de prendre leurs désirs pour des réalités — La Presse, elle, se demande s'il s'est agi de visites de courtoisie ou d'information. Le rôle du Canada semble y avoir été de tenter, là aussi, de sauver les apparences. C'est notre manie. Montrer qu'on est indépendant des Etats-Unis alors qu'ils nous possèdent. Montrer que tout va bien à l'intérieur, alors que la réalité est tout autre. Montrer qu'il n'y a qu'un peuple canadien uni, alors que deux nations s'y affrontent, justement à cause de cette manie séculaire de sauver les apparences, tandis qu'elles devraient pouvoir, autrement, se reconnaître afin de collaborer. Non, la manie outaouaise de sauver les apparences, dont Singapour a eu un exemple, nous hante. Est-ce la bonne voie?

Plusieurs d'entre nous ont trouvé cette conférence inutile. Tel n'est pas notre avis. Elle nous est apparue salutaire, en ce sens qu'elle nous a rappelé, notamment par voie de comparaison de civilisations, la réalité d'ici et d'ailleurs.

Du ping-pong au colin-maillard

Le 23 avril 1971

Pour un peuple habitué à se demander depuis deux siècles s'il existe, les jeux de la politique de la Chine peuvent sembler étranges. Pour l'Amérique du Nord en général, la partie de tennis sur table jouée à Pékin entre finalistes canado-américains et chinois, et tout ce qui a entouré cette rencontre sportive, ont eu un retentissement susceptible de faire réfléchir bien du monde.

Sur le plan diplomatique, bien naïfs sont ceux qui voient déjà la vieille, l'énorme, la puissante Chine, abandonner sa politique nationale, pour sacrifier quoi que ce soit à son intégrité culturelle et politique sur l'autel de quelque commerce. Pour la sagesse chinoise, Washington est un pion dont il est utile aujourd'hui de jouer: les Soviétiques savent sans doute les premiers pourquoi; on espère que personne à la Maison Blanche n'est dupe, comme ce journaliste de l'Express qui voit déjà tomber « ... la fermentation maoïste ... » et, du même coup, la « défaite de la diplomatie secrète ». La muraille de Chine n'est pas une simple image ni une simple construction de pierres, et ce n'est pas par le biais du dollar que nos voisins du sud vont la faire s'écrouler, si tant est vrai qu'ils pensent toujours être capables un jour de ce faire ...

Les réflexions qu'a tenues à la presse internationale le capitaine de l'équipe canadienne de tennis sur table, M. Derek Wall, à un tout autre égard, doivent attirer par ailleurs notre attention. Quelques-unes de ses citations: « Nous sommes entrés dans un monde nouveau où toute personne que nous avons rencontrée était sincère et amicale. Cela est un contraste frappant avec le monde extérieur, le monde plein de crimes et d'hypocrisie... Les Chinois semblent tous très heureux, ce qui contredit les informations que j'avais lues sur la Chine ». Et l'opinion du capitaine Wall a été approuvée par les autres membres de l'équipe, selon l'AFP.

En effet, ceci contredit bien les tonnes d'informations sur la Chine déversées de notre côté de la muraille. Eh quoi donc? Se pourrait-il que tant d'informations présentant les Chinois comme un peuple barbare, malheureux et écrasé soient fausses ou partiellement fausses? Une simple partie de tennis sur table annuelerait-elle des milliers d'heures d'émissions de radio-télévision et des tonnes de textes de toutes sortes?

Si l'on fait la part des choses, il est bien clair que ce que les équipes canadienne et américaine de pongistes ont vu en Chine les a impressionnées au plus haut point, et d'une manière des plus favorable. Le choc, pour eux, entre la réalité de Pékin et l'information absorbée sur notre continent a pu sans doute créer une réaction trop chargée d'émotivité, et forcément un peu superficielle. Mais quand même, le contraste étant si frappant, ce qu'ils nous rapportent de là-bas, ces pongistes, correspondant d'ailleurs pas mal avec ce que disent depuis longtemps les sinologues les plus avertis, ce contraste-là n'est-il pas susceptible de mettre la puce à l'oreille à bien du monde et de faire s'interroger autant de monde sur la qualité de l'information, déversée journellement en quantité industrielle chez nous?

Il est vrai que les Japonais d'aujourd'hui, dans notre presse, ne ressemblent guère à ceux qu'on nous présentait autrefois. Pourtant, il s'agit bien du même peuple. Alors, à quelle sorte de jeu jouons-nous, nous?

Souvent ingrat, toujours indispensable

Le 30 avril 1971

On s'inquiète, à juste titre, de la lenteur des autorités fédérales à mater l'inflation, à canadianiser l'économie, à combattre la pauvreté et le chômage. Par contre, on parle d'abondance et avec émotion des œillets du Premier ministre, des doux yeux de sa flamme, des vitupérations de Jean Marchand; on critique enfin avec cœur les augmentations de revenus des élus, bref, on parle de tout et de tous, mais il est un centre important d'action et d'influence que nous oublions souvent, c'est le ministère des Affaires extérieures du Canada.

De ce ministère, on connaît habituellement le nom du titulaire, aujourd'hui M. Sharp, hier M. Martin, et parfois celui d'un secrétaire parlementaire ... Et ces hommes, de temps à autre, apparaissent tantôt à Paris, tantôt à Java, hier à Rome et demain à Calcutta. Ils parlent de choses qu'on ignore le plus souvent et dans un style souvent si voilé qu'on tourne la page pour ne pas perdre son temps. Est-ce rendre justice à la diplomatie canadienne?

Oh! il y a bien cette querelle maintenant permanente qu'on fait à ce ministère voulant qu'il ignore trop le monde français, ou cette autre, voulant qu'il nous représente surtout en anglais. Ou de feindre d'ignorer les problèmes de la planète pour ne pas se mouiller les pieds. En fait, le Canada a-t-il une politique étrangère ou un simulacre de ministère? Le Canada, autrefois accroché à Paris, puis à Londres, et aujourd'hui à Washington, a-t-il vraiment une politique étrangère?

Pour un pays de deuxième ou plutôt de troisième importance comme le nôtre, il est clair que rien de bien fracassant ne peut sortir de son ministère des Affaires étrangères, surtout dans l'état réel de dépendance que nous connaissons à maints égards vis-à-vis l'éléphant américain. Mais il faut aussi dire que ce genre de ministère évolue dans la diplomatie, ce qui est bien différent de la politique. Toujours, la diplomatie œuvre dans l'ombre et le silence; la politique, elle, gagne au bruit et aux tapis rouges, n'en déplaise à ce que dit M. Robert Bourassa à son retour d'un voyage en Europe ... Or, malgré ses handicaps, le Canada a une diplomatie réelle. La preuve en est qu'on n'en entend guère parler. C'est une preuve d'efficacité en soi.

Le Canada, on l'ignore trop, a VOLE littéralement au Colonial Office de Londres son droit d'auto-représentation à l'étranger, peu après la première guerre mondiale. C'est en pratiquant une politique de « précédent » qu'Ottawa a arraché à Londres ce droit, un peu comme le Québec était en train de le faire sous feu Daniel Johnson. Depuis sa création, le ministère des Affaires extérieures du Canada a pris de l'ampleur, jusqu'à donner l'impression à l'étranger que nous étions devenus une grande puissance, surtout dans l'immédiat après-guerre de 39-44. Les pays étrangers, toutefois, se sont vite ressaisis et, depuis, notre réputation a dû reprendre des proportions plus conformes à notre poids international!

Mais ne soyons pas trop humbles. Par le ministère des Affaires étrangères, le Canada joue un rôle international qui a son importance, celui par exemple d'entremetteur. Que faisait d'autre Ottawa lorsqu'il reconnaissait la Chine de Pékin, sinon préparer les voies au dégel entre Pékin et Washington?

Du point de vue intérieur, par ses ramifications silencieuses à travers le monde, notre ministère des Affaires étrangères perçoit et diffuse bien des renseignements de tout ordre, qui ont souvent l'air anodin, mais qui ouvrent des voies à notre économie, nous permettent de participer activement à l'évolution du monde en ce qu'il y a de mieux, je veux dire à l'entente internationale.

Aux deux à trois milliers d'artisans de ce ministère, à leur travail ingrat et délicat, il convient bien, une fois par ... décennie, de rendre quelque hommage.

Entre Ukrainiens, on devrait se comprendre!

Le 4 juin 1971

C'est à croire que nombre de parlementaires canadiens n'ont pas lu le communiqué final signé par M. Trudeau à son départ d'Union soviétique, et que nombre de parlementaires canadiens n'ont jamais suivi l'évolution des rapports entre le Canada et l'Union soviétique, lorsqu'on entend leurs critiques à l'égard du Premier ministre canadien, à la suite de son voyage en Union soviétique.

Déjà, en novembre 1966, le ministre des Affaires extérieures du Canada, M. Martin, se rendait à Moscou et on y décidait d'ouvrir un premier consulat canadien dans une métropole soviétique en même temps que le consulat soviétique à Montréal. Le 14 juillet 1967, un accord consulaire intervenait entre Moscou et Ottawa. Puis c'était le passage de M. Gromyko à Ottawa en octobre 1969. M. Stanfield, chef de l'opposition canadienne, se rendait ensuite en juillet 1970 en Union soviétique, pour y parler de rapports commerciaux à intensifier entre les deux pays. Plus récemment, le ministre de l'Industrie du Canada, M. Pépin, était en janvier 1971 à Moscou, et signait un accord de coopération soulignant « les larges possibilités de développement des échanges économiques » entre le Canada et la Russie. C'est à la suite de ce protocole commercial que la visite du Premier ministre canadien s'inscrivait en Union soviétique.

D'ores et déjà, les échanges, insignifiants, Canada-URSS sont appelés à prendre de l'ampleur. Les deux pays vont y gagner. On sait les analogies entre les sols et climats de nos deux pays. Nous partageons un climat rigoureux et des sols souvent semblables, sans compter nos positions géographiques à la fois voisines et similaires. Ainsi, les industriels canadiens vont peut-être être invités à participer à des programmes d'aménagement territorial en URSS. En retour, les Russes pourront faire profiter le Canada de leurs techniques de construction en territoire arctique et sur sols gelés. Ainsi, s'ouvre une expansion de nos échanges sous l'angle industriel et technologique, et cela sera à l'avantage de l'économie de chacun. Que le voyage de M. Trudeau en URSS « officialise » en quelque sorte tout cela, il ne se trouvera que des nigauds fanatisés pour critiquer cette visite.

Aussi, en politique étrangère et économique, est-il si mauvais que cela, pour un pays comme le Canada, qui dépend énormément à tout point de vue du géant américain, de se donner un peu de jeu dans le concert mondial des pays? Et puis, il faut penser au rôle de médiateur que le Canada peut jouer, bon gré mal gré, vu qu'il est coincé entre Moscou et Washington, pendant des périodes critiques. Cela non plus n'est pas à dédaigner.

Tout ceci pour dire que le voyage de M. Trudeau en URSS est arrivé à point pour coiffer une politique nouvelle d'échanges entre nos deux pays, et que ce voyage peut ouvrir la porte à d'autres élargissements, dont celui de la diplomatie n'est pas le moindre.

A tout tableau, il faut une ombre. M. Trudeau est allé comparer le Québec à l'Ukraine, à son retour de voyage. Soyons positifs: s'il est excellent que les relations, notamment commerciales, s'améliorent entre Moscou et Ottawa, n'est-il pas bon aussi de savoir le fin fond de la pensée du Premier ministre canadien à l'endroit du problème québécois?

La grenouille dans son puits

Le 7 juillet 1971

La délégation canadienne qui vient d'effectuer un voyage en Chine semble avoir remporté un vif succès dans sa mission de rapprochement entre notre pays et le peuple le plus nombreux de la planète. Des ententes ont été conclues, des projets ébauchés, des marques d'amitié échangées. Bref, les efforts du ministre Pépin et de son groupe vont vraisemblablement se traduire par des échanges accrus entre les deux pays, aux points de vue commerce et culture. Cela est excellent à plus d'un titre.

Le marché canadien est relativement petit et fort éparpillé. Lui trouver un débouché auprès de la troisième super-puissance, cela peut laisser entrevoir des lendemains intéressants. D'autant plus que le progrès et l'élargissement du Marché commun européen indiquent que la production canadienne va trouver une concurrence de plus de ce côté, tout en perdant graduellement un marché protégé, celui du Royaume-Uni. On comprend donc très bien la vive satisfaction que connaîtraient déjà les industriels canadiens qui accompagnaient le ministre fédéral de l'Industrie et du Commerce en Chine.

Il est évident ensuite que ce rapprochement avec Pékin ouvre à notre pays des horizons nouveaux, sur le plan culturel, entendu au sens large. Le Canada, il faut l'admettre, hormis le voisinage des Etats-Unis, et si imposant soit ce pays, est relativement isolé dans l'Atlantique nord, borné qu'il est par trois mers. Que les Canadiens puissent un jour envisager la possibilité de voyager en Chine, de s'instruire par l'étude même ou le simple voyage, dans ce pays de millénaire civilisation et de grande sagesse, voilà une bonne nouvelle que la perspective d'une liaison aérienne permet d'envisager plus aisément.

Cette sagesse, on la trouve dans les propos qu'a tenus le Premier ministre Chou-En-Lai au chef de la délégation canadienne. A M. Pépin lui posant des questions sur la portée de la Révolution culturelle, le Premier ministre chinois de dire que ces enseignements ne sauraient être autre chose pour les Canadiens qu'une référence, que « ce qui compte avant tout, ce sont vos propres expériences ».

Parlant ensuite de l'état de dépendance dans lequel le Canada se trouve en face des Etats-Unis, M. Chou En-Lai aurait dit à M. Pépin qu'il faudra bien du temps au Canada pour reprendre en main l'initiative de son propre développement et que « les Canadiens doivent maintenant limiter les investissements étrangers ».

Ces propos montrent plusieurs choses. Entre autres, que les dirigeants de la Chine connaissent fort bien le Canada et qu'ils ne se font pas d'illusion sur le poids de notre pays. A savoir qu'ils sont heureux de conclure des échanges avec nous, qu'ils entendent y participer et qu'ils apprécient bien les messages d'échanges cordiaux présentés par M. Pépin. Il est néanmoins admirable qu'un Premier ministre d'un pays géant, après avoir pris la peine d'étudier un programme d'échanges avec le nôtre, spécifie que Pékin ne voudrait pas voir ses efforts de vente nuire au Canada, dans son marché intérieur.

De la visite du ministre Pépin à Pékin, il ressort que ce n'est pas nécessairement du côté commercial que ces échanges pourront être d'abord intéressants pour nous, mais du côté culturel, la sagesse des propos de Chou En-Lai en fait foi. Il ressort aussi qu'il ne faut pas croire qu'on bernera la Chine en voulant l'amadouer, pas plus qu'il ne faut se prendre pour d'autres en voyant Pékin dialoguer avec Ottawa.

A l'issue de la rencontre entre MM. Chou En-Lai et Pépin, plusieurs journaux canadiens ont cru que la Chine allait s'accrocher à la remorque du Canada, ou encore que « le Canada affaiblissait la position des USA ». Cela fait penser à la phrase de Mao (27-12-35) disant: « pour une grenouille dans un puits, le ciel n'est pas plus grand que la bouche du puits ».

Ces nouveaux rapports avec la Chine vont-ils contribuer à élargir un peu l'ouverture du « puits canadien »? Espérons-le.

Le modèle américain

Le 3 décembre 1971

Un récent sondage Gallup publié aux Etats-Unis fournit des indications importantes et inquiétantes sur l'évolution américaine. Ce sondage montre que la population des Etats-Unis, ayant relativement atteint ses objectifs de confort matériel, met dans une large mesure en question son système politique. Un Gallup plus récent encore fournit d'autres raisons de s'inquiéter de ce qui se passe dans ce pays. La « morosité nationale » serait parvenue à un point suffisamment élevé pour que douze pour cent de la population songe à émigrer dans d'autres pays et pour que le tiers de la population âgée de 18 à 30 ans espère pouvoir faire sa vie ailleurs qu'aux Etats-Unis. Les jeunes de 18 à 30 ans, c'est-à-dire la population qui, demain, serait aux postes de commande du pays.

Comme pour confirmer ces sondages, le bureau fédéral de la statistique du Canada nous apprend que le nombre d'immigrants venus au pays depuis neuf mois a diminué lorsqu'il s'agit des pays d'Europe tandis que les Américains qui viennent s'installer ici sont de plus en plus nombreux. Ceci confirme cela. Les Américains fuiraient leur paradis?

Ils ne le fuient pas tous, bien sûr. Ainsi, les affaires n'étant plus ce qu'elles étaient, les hommes d'affaires investissent ailleurs, de plus en plus, c'est su et connu. Voici que les hommes d'affaires US lorgnent maintenant vers l'URSS. En fait, ils ont lancé une offensive en direction de Moscou dans l'espoir de s'implanter dans ce marché de 240 millions d'habitants. Les Américains, qui occupent la huitième place seulement parmi les fournisseurs de l'Union soviétique, souhaitent développer considérablement leurs ventes vers l'Est. Les Américains commenceraient-ils à apprendre que leur paradis du « parfait capitaliste », non seulement est loin d'être parfait, mais qu'il a besoin de commercer avec les socialistes pour continuer à faire des recettes?

C'est bien, en tout cas, un revirement de la situation internationale que les représentants des dix plus riches pays du monde, en conférence à Rome, nous invitent à observer. La réunion des Dix, en fait, qu'on la prenne comme on voudra, est un signe on ne peut plus clair que l'économie américaine (donc les Etats-Unis) ne fonctionne plus à plein et que sa présumée efficacité toute puissante (selon les JJSS) fond comme glace au soleil devant l'organisation de concurrences.

Lorsque le porte-parole du Marché commun, M. Ferreri Aggradi, ministre du Trésor d'Italie, enjoint aux Etats-Unis de participer à un accord avec les Six sans quoi « l'Europe sera obligée d'instaurer un système monétaire régional . . . », on comprend que les temps changent. On comprend en même temps que les rôles de développement et de contrôle dans notre monde en mouvance correspondent de moins en moins aux propagandes. On comprend enfin qu'il serait peut-être temps pour nous, notamment au Canada, d'arrêter de prendre notre continent pour « la fin du monde » et le monde américain comme le modèle parfait à imiter. Quand un commerçant qui détient seul la patente de fabrication d'un produit fait des affaires, cela est bien. C'est lorsque surgit la concurrence qu'on peut voir si sa compétence correspondait à sa publicité.

Quoi donc, le modèle américain, le seul étalon qu'admettent dans maints domaines une foule de professeurs et d'étudiants d'universités canadiennes-françaises, serait-il déjà dépassé?

Chapitre septième

LA SOCIÉTÉ

La moitié du Québec dans la misère

Le 14 mai 1971

De tout temps, la pauvreté et la misère ont engendré guerres et révolutions. Or, en 1929, l'écart entre les revenus du Tiers monde et ceux de l'Occident était de un à six. En 1966, cet écart doubla, pour devenir de un à douze. Selon les données statistiques d'aujourd'hui, il apparaît qu'en l'an deux mille cet écart grandira tant qu'il sera de un à 26. Aussi bien dire que nous vivons sur un volcan. Point étonnant alors que le Chef de l'Eglise de Rome, dans une lettre apostolique publiée dans tous nos journaux ces jours-ci, ait lancé un appel à l'action politique et sociale. Dans cette lettre, Paul VI parle d'une démocratie de demain à bâtir, en rejetant ce qu'il appelle les utopies nouvelles et qu'il nomme socialisme bureaucratique, capitalisme démocratique et démocratie autoritaire. Le monde, en effet, se dirige tout droit vers la catastrophe planétaire, à moins qu'il ne jette aux rebuts autant le communisme bureaucratique que le libéralisme intégral capitaliste, et trouve cette « troisième voie » dont quelques journaux romains ont parlé en commentant la lettre apostolique du Pape la semaine dernière.

Cela est triste, cette pauvreté dans le monde, direz-vous. Il faudrait bien trouver cette troisième voie pour faire se rejoindre les sociétés riches et pauvres. Mais, ajouterez-vous en retournant à vos affaires, de toute façon, cela regarde les autres et les dirigeants élus. Eh bien, ce n'est pas l'affaire des autres car ce danger provoqué par un écart trop grand entre riches et pauvres existe au Québec. « Le Québec est aussi un « pays » sous-développé et il s'enfonce même dans le sous-développement ». C'est ce qu'écrit l'éditeur d'un livre nouvellement paru à Montréal, intitulé « Sous-développement au Québec et dans le monde » et signé Pierre Jauvin. Et c'est dans ce livre qu'on trouve les chiffres suivants.

Si on considère qu'une personne doit avoir mille 500 dollars par an au minimum pour vivre au Québec en 1970; ou si on considère qu'une famille de quatre personnes doit avoir un revenu minimal de six mille dollars par année pour vivre, la pauvreté au Québec est plus grande qu'on ne le pense, et à Montréal en particulier. 42% de la population du Québec vivait dans la misère en 1946, 54% en 1966 et au rythme qu'on connaît, c'est 58% de la population québécoise qui vivra dans la misère en l'an deux mille.

Ce sont les chiffres qui parlent ainsi, et des chiffres qui ne viennent d'aucun bureau de propagande politique. Et ce n'est pas tout! A Montréal seulement, 105,800 familles vivent actuellement au-dessous du minimum vital. A Montréal, plus de 25% des familles vivent actuellement d'assistance publique et d'assurance-chômage. A la grandeur du Québec, ceux qui vivent de chômage et de bien-être forment plus de 30% de la population, et 40% des chômeurs sont spécialisés.

Pis encore. En 1946, 20% des familles du Québec étaient endettées; vingt ans plus tard, on était rendu à 62% et on prévoit que 85% des familles du Québec seront endettées en l'an deux mille.

Savait-on par ailleurs qu'il se trouve actuellement un quart de million de personnes analphabètes à Montréal, et environ un million dans toute la province?

On pourrait repasser les chapitres de l'assimilation, du logement, de la maladie: les pourcentages se tiennent. Tous ces chiffres viennent de sources fiables citées, et n'émanent pas d'une officine politique. On peut trouver chiffres et sources dans ce petit livre de Pierre Jauvin, « Sous-développement au Québec et dans le monde ». Après on pourra nous parler de justice, d'équilibre, de paix sociale. Après, on pourra venir nous dire qu'il ne faut pas de planification économique chez nous. Après, si on ose . . .

En attendant, les chiffres sont là, des centaines de milliers de citoyens du Québec — pour ne parler que d'eux — ne savent ni lire, ni écrire; plus de la moitié des Québécois vivent dans la pauvreté. Et il se trouve encore des gens pour dire que la majorité silencieuse est contente. Elle est peut-être silencieuse. Mais a-t-elle seulement la force, les mots et la simple audace pour faire autre chose que de se taire?

Il y a barbus et barbus . . .

Le 19 mai 1971

On nous rapporte qu'avant la dernière guerre mondiale, lorsque des diplomates et autres étrangers de qualité arrivaient au Canada, et s'étonnaient du sous-développement économique du Canada français, de hautes personnalités canadiennes-anglaises répondaient que cet état de choses était dû à la paresse naturelle des masses canadiennes-françaises. Cette réponse, en escamotant l'histoire, cachait en même temps le sordide de l'aliénation d'une collectivité. Et les visiteurs distingués passaient aux choses sérieuses. Il paraît que les réponses ont changé depuis ce temps-là...

Au sein du Canada français, aujourd'hui, une partie de la jeunesse est en train de donner raison à nos accusations d'autrefois et d'aujourd'hui. C'est la partie de la jeunesse à longs cheveux et à longues barbes, habillée comme « la chienne à Jacques », qui s'étale dans sa crasse dans nos parcs, sèche régulièrement les cours, fait régulièrement ses « trips », exhibe sa révolution sexuelle. Cette partie de la jeunesse canadienne-française suit la bannière d'une pseudo-culture gauchiste qui s'inspire à la fois du hippisme, du yippisme et de segments de pratiques prises à des religions asiatiques anciennes. Le mouvement est venu de Londres et de Californie et prétend apporter une réponse aux défis des sociétés industrielles et aliénantes. Ces parasites prétendent contester le système en le niant en son entier mais, comme tout parasite, vivent à même cette société. Ces parasites, qui pis est, croyant contester la société dans laquelle ils se trouvent, en s'habillant de la manière la plus ridicule qui soit, en agissant de la façon la plus utopique qui soit, croyant en remontrer aux responsables de l'aliénation, candidement, se font les consommateurs des tenues vestimentaires ridicules et des musiques abracadabrantes que l'on sait. Ces parasites, préoccupés par les symboles, et qui se servent de la pseudo-contestation comme paravent à la paresse, on les appelle communément dans les milieux populaires les « barbus ». Cette appellation est dangereuse.

Car, autant il faut que cette jeunesse soit secouée pour lui faire perdre ses poux, autant une autre partie de la jeunesse canadienne-française, qui porte également la barbe, nous semble le symbole même de la société francophone de l'avenir, si jamais celle-ci doit être. Ces jeunes qui, négligeant les modes et les symboles, négligeant les écueils de la partisanerie et ceux des « bags », patiemment, travaillent dans les comités d'action populaire, réfléchissent sur le cours souvent aberrant donné à l'histoire par nos présumées élites politiques, s'inquiètent pour demain, et travaillent aujourd'hui, en groupes surtout, à l'évolution des structures sociales, avec réalisme et courage.

Autant les premiers barbus, béatement paresseux, font le jeu du système qu'ils prétendent rejeter et refusent toute discussion, autant les autres jeunes, barbus ou pas, nous étonnent par leur facilité à saisir les contradictions de notre société et leur aptitude à la discussion constructive.

Autant il faut condamner les barbus du premier groupe, autant faut-il que les adultes comprennent et appuient les autres. C'est sur eux, en définitive, qu'on peut compter pour les lendemains encore possibles d'une société française en Amérique du Nord.

En ce qui nous concerne, autant nous serions heureux de voir détaler, pour Londres ou San Francisco, nos barbus des parcs, autant il faut encourager l'autre partie de notre jeunesse à continuer à contester, dans le travail, ce qui dans notre société ne tourne pas rond. « Sans le génie, disait Valéry, le talent est peu de chose ». Et le talent sans le travail n'est guère davantage.

« Nos panthères roses »

Le 11 juin 1971

Il est indéniable qu'il s'exerce dans notre société une discrimination dans l'embauche à l'égard des femmes. Il est évident que le culte de la « femme-objet » bat son plein. Il est clair que la société industrielle voit dans la femme d'abord et avant tout une consommatrice. Il existe aussi quelques reliquats de lois, ici et là, qui sont injustes à l'endroit du « sexe faible ». A partir de là, les femmes ont-elles raison d'entrer dans la ronde de la contestation? Si on répond oui à la première question, on doit aussitôt demander: « Pour réclamer quoi? »

Une commission fédérale a dépensé près d'un million pour enquêter sur la discrimination dont sont victimes les femmes au pays. « Un million jeté à l'eau », ont déclaré certains éditorialistes. Peut-être bien que oui. Car, à notre avis, si la femme a à se plaindre du sort qui lui est dévolu dans la société, elle doit d'abord s'en prendre à elle-même. Sans pousser de cris de guerre.

La femme déclare « qu'elle est contrôlée par l'homme », comme le prétend l'écrivain américain Kate Millett. Il est curieux que cette affirmation vienne justement des Etats-Unis, où la société matriarcale est fort bien réussie. Qui, aux Etats-Unis, pour ne pas dire au Canada, prend en commande les destinées de la famille, du budget, décide de la voiture à changer pour une plus moderne, des voyages à faire pour épater les voisines, sinon la femme au foyer? Qui, en Amérique du Nord, fort souvent, handicape les capacités réalisatrices du mari pour asservir toute la famille à des modes et des ambitions futiles?

Dans son livre intitulé « La politique du Mâle », Kate Millett se plaint du fait que la femme nord-américaine soit une femme « objet », un article de plaisir, un article de consommation. Cela correspond sans aucun doute en partie à la réalité de notre continent. Mais qui oblige la femme à jouer ce rôle? Personne. Mieux, n'est-ce pas elle qui fait tout pour le jouer? Les statistiques montrent que la femme américaine consacre les deux-tiers de ses revenus à s'attifer, presque tout le reste pour vivre, et moins de cinq pour cent à se cultiver. Après ces faits, qui doit-on accuser de rendre la femme « objet », sinon la femme américaine elle-même?

Il est vrai qu'au Québec la situation se présente un peu différemment. Un sondage Gallup de cette semaine montre que 68% des Canadiens français trouvent que les femmes peuvent assumer tout aussi bien que les hommes la direction des affaires. Les hommes francophones du Canada, en cela, sont plus généreux que leurs compatriotes anglophones, qui opinent dans ce sens à raison seulement de 53%. Au Québec encore, une amélioration certaine du sort de la femme est intervenue avec l'adoption de la loi dix, créant la société d'acquêts.

Il reste bien sûr que la femme d'ici devrait quand même attendre de l'Etat plus de législation l'aidant à son planning familial, quand elle accepte d'avoir des enfants... Qu'elle demeure victime, trop souvent, de discrimination dans l'emploi. Tout ceci est vrai. Mais est-ce par une contestation souvent extravagante que les femmes québécoises qui ont des raisons de se plaindre vont réussir à s'imposer?

En somme, ce mouvement québécois de libération de la femme est contradictoire. Sur le plan individuel, pour tout être humain, le respect se commande à partir d'un comportement respectable. Ce n'est sûrement pas en portant des « hot pants » ou en criant dans la rue que Mme Kirkland-Casgrain est parvenue au poste de ministre à Québec. Ce n'est sûrement pas en consacrant moins de cinq pour cent de son budget et de son temps à s'instruire qu'Andréanne Lafond est devenue la journaliste de calibre que l'on sait.

Norman Mailer a déjà écrit: « Le problème de fond, c'est que la responsabilité primordiale de la femme est de rester sur terre assez longtemps pour se trouver le meilleur partenaire possible et pour concevoir des enfants qui amélioreront l'espèce. » C'est aller fort loin que de réduire la fonction de la femme à celle de reproductrice.

Mais il faudra bien un jour que les « panthères roses » nous disent si elles renient les attributs et les devoirs de leur sexe. Ou encore si elles veulent ne s'en servir que pour exploiter l'homme. Ou si elles acceptent d'être tout simplement la moitié du genre humain, capable de prendre ses responsabilités et, en se servant du génie qui lui est propre, capable d'aider l'autre moitié à prendre les siennes, et non pas l'en empêcher.

La bêtise, cousine de la cruauté

Le 18 août 1971

Malgré la circonspection avec laquelle j'accueille tous les sondages, le dernier de ceux-ci, organisé et publié par un quotidien de Montréal, montre que la population de la région métropolitaine nourrit avec une constance surprenante dans son cœur le goût de la vengeance au lieu du goût de la simple justice. La constance que la population montréalaise en général, côté français bien entendu, montre à vouloir qu'on tue des humains pour les punir de leurs méfaits, est-elle un indice certain du faible degré de maturité de la société dite silencieuse, la francophone, à Montréal? Dans une proportion de plus de 80%, la population française de la métropole canadienne se prononce en faveur du rétablissement de la peine de mort.

Je le disais plus haut, c'est une constante à Montréal, et qui a tendance à monter au lieu de descendre. Cette constante-là s'ajoute à une autre, à savoir qu'alors que les francophones de Montréal sont de plus en plus en faveur de la peine de mort, les Canadiens anglais, eux, favorisent de moins en moins le rétablissement de la loi du talion au pays. Cela explique bien des choses.

Les séquences statistiques sont trop courtes, en 1971, pour pouvoir avec certitude déclarer que la peine de mort est suffisamment efficace pour décourager le crime, car des exemples contradictoires sont amenés à « la barre des témoins ». Comme rien, jusqu'ici, n'a prouvé que l'anticipation de la peine capitale soit un frein efficace pour arrêter les criminels sur de noirs chemins, il faut conclure que, sous ce prétexte d'efficacité et d'ordre, se cache dans la population qui désire le rétablissement de la peine de mort quelque chose qui a plus à voir avec l'instinct de vengeance qu'avec l'instinct de justice.

Des preuves, pourtant, peuvent être apportées que la peine capitale, dans les faits, ne contribue pas à enrayer le crime. Dans les Etats rétentionnistes, aux Etats-Unis, on trouve les taux les plus élevés de meurtre. Par contre, les Etats qui ont les taux les plus faibles de meurtres sont tous, sans exception, des Etats abolitionnistes.

Mais pourquoi apporter des preuves dans ce sens, si ces preuves doivent être entendues par la raison, et que la raison n'a rien à voir avec le sentiment de vengeance et de cruauté?

Ce qui, au fond, est le plus inquiétant, dans la constante en voie de progression de l'opinion majoritaire des Montréalais francophones à réclamer le rétablissement de la peine de mort, c'est que ce goût pour la peine capitale fait en soi preuve d'un degré d'évolution générale que l'on peut qualifier de primaire, d'une ignorance des choses plus répandue qu'on ne serait porté à le croire, et d'un goût de vengeance loin d'une générosité et d'un humanisme qu'on aimerait trouver davantage chez la population encore un peu française de l'est de Montréal.

Pour être logique avec elle-même, cette opinion publique, puisqu'elle réclame la peine capitale pour les coupables, à titre d'exemple, et de frein au crime; pour être logique avec elle-même, cette partie majoritaire de la population devrait alors demander qu'on télévise les pendaisons, en noir et surtout en couleur, sur toutes les chaînes de télévision. Cela effrayerait les criminels, assurerait des cotes d'écoute hors pair pour la télévision canadienne-française, et assouvirait ce goût de vengeance que, selon ces sondages, la population française de la région de Montréal nourrit joyeusement en son sein.

Cette pastorale province . . .

Le 22 septembre 1971

La pastorale province de Québec, aux murs colmatés pour éviter les courants d'air, qui mangeait de la galette pour tromper sa faim, en pensant que le moment de vérité ne devait commencer que dans l'au-delà et qu'entre-temps, il fallait tout subir, la belle province en a connu, depuis un bon temps, des courants d'air, des coliques et des étourdissements, maintenant que l'Histoire a jeté ses murs par terre, lui a montré qu'il était normal d'avoir faim et de manger, et que les vérités absolues, entendre la foi, pouvaient et devaient s'accorder avec le temporel. Et ce n'est pas fini . . .

Voici par exemple que la « bonne police » de Montréal s'agite, accuse, et découvre le crime qu'elle recouvrait presque impudiquement, il n'y a quand même pas si longtemps. Et le président de la Fraternité des policiers de Montréal de réclamer la peine de mort et de blâmer le système. Quel système? Celui qui laisse aller tranquillement un bandit puissant, mais fait pourrir en prison des gens dont le crime, pour n'être pas moindre, ne se rattache pas à de puissantes organisations clandestines. M. Marcil a raison de s'élever contre un système qui punit sévèrement un braconnier inoffensif (du moins pour les humains) et impose un simple cautionnement de cinquante dollars à quelque individu trouvé en possession illégale d'une arme, en plein cœur de Montréal. M. Marcil pourrait aussi parler de ce fils de juge qui, battu pour rien par des policiers, en marge d'une manifestation à Montréal, puis écroué, se voit dédommagé sur la place publique. Mais, M. Marcil, vous auriez pu parler de ces innombrables autres jeunes gens qui ont subi le même sort, qui ont maintenant un dossier à la police, mais qui ne sont justement point fils de juge . . .

Mais de là à réclamer la peine de mort, il y a un pas à franchir. Qu'on corrige le système, qu'on en fasse un tout neuf (M. Marcil veut-il comprendre qu'il faudrait changer alors toute une mentalité), nous voulons bien, mais pourquoi crier vengeance et réclamer la peine de mort pour les criminels? A quoi bon une justice si, du laxisme en certains cas, elle devait aller à l'excès contraire en d'autres?

Ce cher Québec pastoral, donc, plongé dans la cohue du monde moderne, il va devoir mûrir pour en arriver à la mise en place d'une structure socio-politique qui soit juste, pas seulement en anglais, mais aussi en français . . .

Au chapitre de la justice encore, par exemple, il y a peu de temps, le « Science Council of Canada » préconisait la création d'un réseau pan-canadien d'ordinateurs électroniques. Ce réseau contiendrait la fiche de tout un chacun, mais aurait également l'avantage de pourvoir la société canadienne d'une foule de données utiles, dans les domaines des services hospitaliers, urgents, de l'information instantanée dans tous les foyers, etc. Le Conseil fédéral recommandait la création de ce réseau canadien de cerveaux électroniques afin d'empêcher qu'il ne s'installât chez nous par et pour des Américains d'abord.

On conviendra que la recommandation part d'un bon mouvement, celui de la sauvegarde de l'autonomie canadienne. Mais cela signifie en même temps qu'on serait, nous tous, citoyens du pays, codifiés, « programmés » électroniquement. On voit ça d'ici, ce « Centrex » géant, permettant à quelque arriviste politicien de tout savoir sur n'importe qui, au besoin, pour mieux « programmer » sa prochaine réussite électorale . . .

Cette chère belle et pastorale province de Québec, elle en a parcouru du chemin, depuis le temps où des curés, la veille des élections, rappelaient en chaire que « le ciel est bleu mais l'enfer est rouge ». L'ennui, maintenant, c'est qu'elle commence assez curieusement à mélanger les teintes. C'est vrai qu'on lui en a fait voir de toutes les couleurs . . .

La vieillesse est-elle une tare?

Le 15 décembre 1971

Les personnes âgées de Montréal livrent une lutte patiente à l'administration Drapeau afin d'obtenir, sinon des laissez-passer, du moins des tarifs préférentiels, pour le transport en commun. Les fins de non-recevoir de Concordia en étonnent plus d'un, en scandalisent plusieurs autres. Ce refus, pour scandaleux qu'il soit, a plusieurs explications. Une injuste répartition des revenus entre les administrations du pays empêche une métropole comme Montréal de pouvoir appliquer des politiques plus larges dans maints domaines. En outre, c'est surtout des Provinces que relève la compétence des soins et services sociaux et il n'appartient pas d'abord à une ville de légiférer en ce domaine. Mais, quoi qu'il en soit de ces juridictions, les personnes âgées de Montréal subissent, pour cette question de détail qu'est le transport en commun, comme pour leur sort tout entier, un préjudice dont notre société se rend coupable.

L'Amérique du Nord est civilisée, le Canada est civilisé, le Québec est civilisé! Mais la belle Amérique, le beau grand Canada et cette belle Terre-Québec traitent les personnes âgées souvent plus brutalement que ne le font les tribus indigènes du fond de l'Afrique. Notre civilisation dite supérieure, liant trop étroitement travail et profit, fait de la vieillesse une tare sans merci ni rémission.

Cela commence avec le « droit à la retraite ». Hypocritement, un employeur renvoie une personne âgée en déclarant que « Monsieur X a été appelé à faire valoir ses droits à la retraite ». Perfidement, une société se donne bonne conscience en faisant construire des foyers d'hébergement pour personnes âgées, foyers dont on sait souvent l'état lamentable, et dont notre généreuse, catholique et remarquable civilisation canadienne-française se sert pour se débarrasser des personnes âgées, devenues encombrantes: parce qu'elles ne « swingent » pas; qu'elles nécessitent quelques soins; qu'elles ont besoin d'un milieu qui sache s'astreindre à plus de tranquillité; et surtout qu'elles ne rapportent pas... Le Québécois, c'est du bien bon monde, « ma y aime pas ça être bâdré voyez-vous ». En un mot, le Québec rejoint le progrès américain. C'est merveilleux.

Pendant ce temps, notre société fait tout ce qu'elle peut pour prolonger la vie, par l'amélioration des soins hospitaliers. Elle fait aussi tout ce qu'elle peut pour avancer l'âge de la retraite. Avec l'effet que, paradoxe à notre image, on allonge l'âge de la retraite pour infliger ensuite aux retraités un sort de plus en plus incommode, d'abord et avant tout sur le plan moral, ou psychologique, pour ceux que le mot moral affole! En 1951, le Québec comptait 128,000 personnes âgées de 65 ans et plus. En 1981, on en comptera 600,000.

Ailleurs, est-ce la même chose? En Amérique du Nord, en général, oui. Mais en Chine, par exemple, non! Les personnes âgées restent dans les cellules familiales jusqu'à leur mort, et l'Etat contribue à l'aide des familles qui doivent subvenir à l'entretien des vieillards. Mais ce sont de vilains petits communistes jaunes.

En Europe, en Suède par exemple, l'Etat consacre 17% de son budget aux soins des vieux. L'Etat veille à trouver un travail rémunéré à mi-temps aux personnes âgées, grâce à de véritables centres d'orientation, travail dont la rémunération s'ajoute à une pension nationale uniforme. Mais les « vieux pays », c'est les « vieux pays »...

On pourrait bien citer l'URSS, qui compte un dixième de sa population de retraités. Ces retraités servent de main-d'œuvre d'appoint au pays; ils sont rémunérés aussi pour leurs travaux, en plus du soutien moyen de l'Etat. Mais c'est chez les méchants communistes.

Chez nous c'est mieux! Les gouvernements sont les plus compétents du monde. Les citoyens sont les plus généreux du monde. Notre pays est le plus merveilleux du monde. Et Montréal est la ville modèle, où il fera bon passer la Noël. Sauf pour des milliers, des dizaines de milliers de vieux, qui seront délaissés par leur famille, par la Société et par l'Etat.

On est du bien bon monde quand même!

Les démons canadiens-français

Le 17 décembre 1971

Le monde d'aujourd'hui nous apparaît déjà rempli de problèmes tellement nombreux et pressants que notre société supporte mal les transformations que lui imposent, pêle-mêle, des urgences qui fusent de tous côtés. Dans cette course aux solutions, les centres de décisions du Québec sont eux-mêmes tellement peu définis et tellement peu enracinés dans des traditions qui leur permettraient plus d'efficacité et d'endurance, qu'une confusion plus grande encore naît des tâtonnements de ces centres de décision. Une confusion également certaine est provoquée par le tohu-bohu des valeurs qui se bousculent les unes les autres.

Dans les problèmes que notre société canadienne-française connaît, il en est d'urgents, dont la solution ne peut attendre et pour lesquels il faut trouver des moyens et des méthodes d'approche satisfaisants. Le domaine de l'éducation sert d'exemple. Pour n'avoir point su garder le bon de sa tradition d'enseignement et pour avoir voulu en même temps plagier des modèles de l'extérieur qui ne convenaient pas à la nature de notre peuple, on se trouve pris aujourd'hui avec des problèmes démesurés et dont la démesure croît avec les semaines. Les cerveaux les plus compétents, les volontés les plus tenaces, les esprits les plus audacieux, ont beau conjuguer leurs efforts pour redonner une espèce de sens, de direction générale, à notre système d'enseignement, non seulement ne sortons-nous pas de nos problèmes d'éducation et d'instruction publics, mais nous y enlisons-nous. Le pire est que nombre de spécialistes et de dirigeants, dans ce domaine dont on parle, comme dans d'autres, s'imaginent détenir des vérités absolues. Ne voit-on pas la plus jeunette des universités québécoises ériger des buildings ultra-modernes, se doter de laboratoires rutilants; mettre en branle tout un service de personnel selon des organigrammes impressionnants. Il n'en demeure pas moins qu'il sort de tous ces efforts, de toutes ces sommes de talent, d'énergie et d'argent, des produits dont la qualité paraît douteuse à maints observateurs pas pessimistes pour deux sous.

Parmi ces problèmes à résoudre dès aujourd'hui, mais pour la solution desquels nous ne sommes de toute évidence pas encore équipés, il y a celui de l'environnement. Au moment où des sociétés réputées plus sclérosées et moins à l'aise, financièrement, que la nôtre, arrêtent des travaux de routes susceptibles d'augmenter les pollutions urbaines; au moment où de telles sociétés pénalisent le développement économico-industriel du pays afin de protéger l'avenir des populations, en leur ménageant, avec des projets déjà de longue haleine, l'air, l'eau, la tranquillité; pendant ce temps-là, le Québec se trouve encore une fois devant des timidités mal placées; un manque de collaboration entre les secteurs d'autorités, manque de collaboration qui devient dramatique à certains égards; des centres d'intérêts qui ne pensent qu'à leur avenir immédiat, en renvoyant à la géhenne quiconque veut parler de futur éloigné ou de planification.

Au chapitre de la pollution comme à d'autres, les démons de la société canadienne-française apparaissent plus clairement campés qu'en nul autre domaine: esprits étroits typiquement provinciaux, même s'ils sont de Montréal; égoïsme imbéciles d'intérêts économiques qui se fichent de la population et de leurs responsabilités envers la société; gouvernements pleutres qui ne connaissent du sens de la responsabilité que le côté électoralement rentable.

Devant nos démons, quelques hommes honnêtes, patients, énergiques et dont le courage et la lucidité n'ont pas fini d'être soumis à rude épreuve. Parmi eux, quelques exceptions, tel le ministre Goldbloom. Rencontrent-ils seulement assez d'appui au sein de l'organisation où ils œuvrent? C'est une tout autre question.

Chapitre huitième

LA MUTATION DU QUÉBEC

Vers une renaissance?

Le 6 janvier 1971

En cette première semaine d'une nouvelle année, il me revient à la mémoire, le climat qui prévalait chez nous au début de l'an dernier. A Ottawa, le Gouvernement Trudeau suivait sa ligne droite de combat contre l'inflation, ignorant volontairement le chômage qu'il laissait sur son chemin. Au Québec, on savait que des élections provinciales s'en venaient, les partis commençaient à fourbir leurs armes. A Montréal même, en ce début de 1970, le climat, s'il n'était pas de tout repos, si certaines plaies sociales inquiétaient plusieurs milieux, ces inquiétudes demeuraient assez restreintes.

Douze mois plus tard, on établit une comparaison et l'on se rend compte du chemin que l'on a parcouru, des épreuves que nous avons traversées ensemble, particulièrement au Québec, et plus particulièrement encore à Montréal. Ces épreuves nous ont-elles mûris? Je suis porté à croire que oui.

Au cours de mon premier « Point du Jour » de l'année, les auditeurs ont été invités à mentionner rapidement en ondes le fait qui leur est apparu saillant au cours de 1970. Une compilation m'a étonné: je m'attendais à ce que ce soit l'affaire Cross-Laporte qui revienne le plus sur le tapis; or, plus de la moitié de mes interlocuteurs ont mentionné les élections du 29 avril! Priés de s'expliquer plus avant, ils ont précisé que ce n'était pas l'élection comme telle qui avait retenu leur attention, mais bien plutôt l'atmosphère dans laquelle avaient baigné les dites élections provinciales.

Je m'en voudrais de tirer des conclusions péremptoires d'un sondage aussi restreint auquel le hasard a eu beaucoup à voir. Mais que la plupart de mes auditeurs aient, encore que la tragédie Laporte soit toute fraîche à notre mémoire, trouvé que l'événement majeur de 1970 ait été le scrutin d'avril, me porte à croire que la population se sensibilise de jour en jour davantage à la politique au Québec. Ce fragile énoncé se confirme dans le fait que le second événement d'importance qui ait attiré l'attention des auditeurs de cette première émission du Point du Jour en 1971, ait été le vote municipal de Montréal en automne.

Des esprits chagrins rétorqueront que les Canadiens français ont toujours été sensibles à la politique. Sans doute, et en cela, mon petit sondage maison n'aurait guère valeur novatrice. Mais, à deux exceptions près, les témoignages de mes auditeurs pour qui la chose politique avait été la chose la plus importante en 1970, n'étaient pas partisans, ils semblaient même détachés de toute allégeance politique pour la moitié d'entre eux.

Peut-être suis-je naïf? Peut-être mon extrapolation touche-t-elle à la fantaisie? Mais j'ai l'impression d'assister à la naissance d'un sens politique réel dans notre petite société.

L'hiver, puis le dégel

Le 10 février 1971

Les rafales d'automne avaient exaspéré notre vie politique. Les neiges de février semblent absorber les heurts de nos activités politiques. C'est sous plusieurs pieds de neige et 104 ans de poussière que les Premiers ministres du pays essaient de voir, à Ottawa, comment ils pourraient bien mettre en marche une machine qui ferait repartir l'horloge de l'histoire de notre territoire. C'est sous autant de pieds de neige que le candidat du parti au pouvoir a remporté, comme d'habitude, les honneurs, dans la circonscription de Chambly, circonscription au drôle de découpage, d'ailleurs.

C'est malgré les vents violents du large, qui battaient le Château Frontenac en fin de semaine, que mille membres du Parti libéral fédéral canadien, section Québec, ont participé à l'opération « Régénération » et ont essayé de faire le point. M. Jean Marchand y a prêché la même tolérance, avec le même ton et les mêmes invectives intolérantes que d'habitude. M. Gérard Pelletier a épargné à la barque libérale quelques embardées qu'allaient provoquer les mêmes manifestations ataviques canadiennes-françaises que d'habitude. Les dirigeants du parti ont agi comme d'autres dirigeants d'autres partis, en disant qu'il n'y avait pas de caisse électorale, comme à leur habitude. Le Parti libéral fédéral est demeuré le même, tâchant de retenir les enragés d'extrême-droite qui, du haut au bas de l'échelle, voudraient, par exemple, voir tous les jeunes Québécois sous les drapeaux, tâchant aussi de prendre quelques bonnes idées à la gauche en décidant, par exemple, d'élargir la participation aux congrès à venir. Enfin et surtout, il y a eu des discussions théoriques, mais le parti s'est gardé d'adopter une idéologie, ce qui serait un arrêt de mort pour un tel groupe. Et pendant que les autorités du Gouvernement mettaient la dernière main aux préparatifs des travaux concrets de la Conférence (6ᵉ de sa nature) sur la constitution, à Ottawa, au congrès de l'aile québécoise, on ne parlait surtout pas de cela!

En février, le Québec aura encore droit à un dîner-bénéfice libéral à Montréal, à cinquante dollars le couvert, même pour les gens de Saint-Henri, où le Premier ministre du Canada parlera, poliment, espère-t-on! Le Parti néo-démocrate tiendra également des assises à Montréal, en ce mois, en vue de se choisir un dirigeant et une « plate-forme », vu que les élections fédérales s'en viennent, élections où le parti demeurera marginal, comme d'habitude, en tout cas en cueillette de suffrages.

Ce même mois de février, sous encore plus de neige sans doute, verra le Parti québécois tenir son congrès, où il tentera de démontrer ce que tout le monde sait, qu'il n'est pas une succursale felquiste. Mais il y aura en même temps assez d'énergumènes pour crier assez d'inepties, pour fournir assez d'armes aux adversaires péquistes, armes qui serviront à tenter de faire croire que PQ égale FLQ. Et M. René Lévesque s'époumonera enfin, avant la tombée de rideau, pour annoncer qu'il accepte d'écourter encore sa vie pour tenter de faire comprendre qu'ensemble, on est plus fort que divisés. Mais le chef péquiste n'aura peut-être pas encore, fin février, pensé à tout ce que sous-tend cet axiome, pour une population comme la nôtre . . .

Deux groupes épargneront notre mois de février: l'aile québécoise du Parti conservateur et nos Créditistes, qui reportent à l'été leurs cogitations publiques. M. Alie parlera de ses cinq républiques canadiennes sous les lilas en fleur. Et M. Caouette parlera du « marashme kékonomic » à la saison des foins. On aurait tort de sourire en pensant que MM. Caouette et Alie reportent à trop tard leurs réunions. En fondant, la neige tombée depuis l'automne pourrait peut-être nous montrer un sol différent de celui qu'on a connu avant l'hiver . . .

Entre la puissance et l'autorité

Le 12 février 1971

Dans mes Antipropos « L'hiver, puis le dégel » parus plus tôt cette semaine, je dressais un bilan sommaire (forcément, en quarante lignes) du calendrier politique québécois de février. Le congrès libéral du Château Frontenac, les élections dans Chambly. A venir, le dîner-bénéfice des Libéraux à Montréal, le congrès péquiste à Québec. Les rencontres futures néo-démocrates, conservatrices et créditistes y passaient. On aurait pu y ajouter les hypocrites marchandages sur la Constitution à Ottawa, faits pour mieux circonscrire le Québec, et la liste aurait été complète. M. Jean-Paul Lefebvre, directeur de l'aide québécoise de la FLQ, invité plus tôt cette semaine au Point du Jour, qualifiait mes réflexions de noires. S'il n'avait pas compris le sens du texte, il en avait fort bien compris le ton, un ton pessimiste. Pourquoi ce ton?

La super-société américaine qui nous remorque, cette machine géante, tourne, tourne, produit, produit. Pour assouvir ce vampire qu'est devenue la société américaine qui nous entraîne, il faut créer des besoins plus grands chaque jour, que le minuscule citoyen, perdu dans tout ceci, doit avaler. Sans compter l'air de plus en plus pollué, l'eau et des aliments de plus en plus « chimifiés », les divertissements de plus en plus bêtes, l'utilisation chaque jour augmentée de l'automobile, laquelle rogne de plus en plus le budget de la cellule familiale qui, celle-là, dure encore . . .

En haut de l'échelle, les énormes compagnies dont la puissance rend l'autorité des gouvernements dérisoire, énormes conglomérats qui n'obéissent plus à des hommes, mais aux ordinateurs, lesquels commandent l'administration, laquelle commande les hommes. En dessous, des technostructures gouvernementales qui obéissent aux géants économiques sur l'essentiel et qui, elles, rendent le rôle des partis et des hommes politiques de l'Etat presque marginal. En dessous encore, les individus qui élisent des hommes pour les gouverner. Mais les leaders politiques peuvent-ils vraiment gouverner, ou ne sont-ils pas devenus les valets des superstructures gouvernementales, lesquelles obtempèrent aux technostructures économiques tant anonymes que privées? C'est là qu'on trouve le nœud du problème, et la réponse aux questions de tant d'entre nous qui se demandent comment il se fait que tant d'hommes politiques apparemment sains d'esprit, compétents et intègres, une fois rendus au pouvoir, ne font rien, font peu ou se renient eux-mêmes?

A la fin du compte, cette super-société, anonyme, dévore de plus en plus de nos individualités. On n'en est pas encore rendu à l'état du Japon où « l'idéale société industrielle » fait des bonds de géant en avant, au même rythme où les Japonais deviennent de simples robots qui fabriquent, consomment et vivent dans des conditions qui répugnent à tous les idéaux humanistes.

Pendant ce temps, la vie politique canadienne-française, en dépit de notables exceptions, trouve son commun dénominateur dans la chicane, l'invective, la propagande de village quand ce n'est pas dans la fourberie la plus voyante. C'est inquiétant, terriblement inquiétant. Alors que ce qui compte dans le monde, les John Galbraith, les Jean Rostand, chacun à sa manière, pensent le monde pour le sauver, chacun dans sa discipline, nos responsables politiques canadiens-français, en leur grand nombre, que font-ils?

L'un des plus éminents membres du palier fédéral du Gouvernement du Canada, à la tribune d'un congrès politique à Québec, nous parle comme un cégépien mal élevé de nos problèmes immédiats, sur un ton qui ne sied pas au calme et à la profonde réflexion que notre collectivité devrait pouvoir attendre de ses leaders. Pendant que la société mondiale fait face aux pires défis de son histoire, où se trouvent nos hommes politiques d'envergure capables d'amener le public à comprendre ces défis humains qui nous confrontent? Chicane publique installée en permanence sur nos tribunes. Querelles de clôtures. Rancœurs de fillettes. Ce sont la plupart de nos leaders politiques canadiens-français qui parlent!

Monsieur Jean-Paul Lefebvre, président de l'aile québécoise du Parti libéral fédéral canadien, trouvait mon analyse politique un peu noire: il avait raison. Qu'il s'en soit étonné rend mon analyse encore plus sombre, lui dont le poste devrait commander une élévation d'esprit capable de saisir à tout moment la réalité profonde contemporaine. Au fond, son étonnement n'a fait que confirmer mon diagnostic.

La contestation

Le 21 avril 1971

Il ne semble pas exister aujourd'hui de société digne de ce nom qui soit exempte de mouvements contestataires; aucune nation qui soit dans la mouvance de l'évolution humaine et qui n'ait en même temps ses forces protestataires. Ces mouvements d'agitation prennent des formes disparates et s'alimentent de couches sociales diverses. Les jeunes générations, elles qui ne sont pas encore intégrées au système de leur milieu, forment évidemment le gros du contingent des contestataires. Mais réduire les contestataires aux étudiants serait une erreur. Les intellectuels et les moralistes qui évoluent, pourrait-on dire, autour des sociétés structurées, lorsqu'il s'agit de sociétés libres, sont aussi au premier rang de ceux qui crient à la crise de civilisation, ainsi que nombre d'artistes. Jusqu'aux savants qui se demandent à leur tour: « Où allons-nous? », comme c'est le cas du président de l'Institut Weizmann d'Israël, le docteur Weisgal, qui déclarait déjà: « Aucun savant désormais n'est une île... la science elle-même passe par une période de crise... Ni l'art, ni la musique, ne devraient rester étrangers à aucun savant: seul l'homme complet peut affronter la complexité de la recherche contemporaine. »

Les jeunes et les moins jeunes qui font profession de révolutionner pour les besoins de leur équilibre émotif, bien sûr, se trouvent également au rang des contestataires. Leur présence donne beau jeu aux partisans du statu quo de lapider tous les récriminants en les renvoyant aux psychiatres. Enfin, dans les sociétés industrielles avancées, on trouve nombre d'ouvriers contestataires; chez certains, pour les raisons profondes de l'inquiétude devant l'avenir, pour d'autres, à cause de l'insatisfaction créée tous les jours par la réclame abusive des sociétés de consommation et chez lesquels la soif exacerbée de consommation ne réussit pas à s'étancher.

Que de contestataires, et que de sociétés touchées! Les facilités de communications qui caractérisent désormais notre époque aident à recenser contestataires et contestations. Dans un pays comme la Chine, malgré des frontières bien gardées, on sait que la contestation dite culturelle a envoyé les paysans à l'école et les professeurs aux champs. Contestation globale, au sein de laquelle, par exemple, des jeunes se réunissent en groupes pour réclamer une plus grande participation aux affaires de la nation, pour réclamer même l'enrôlement pour défendre les frontières prétendument menacées. Au même moment, dans le pays actuellement le plus puissant du monde, des jeunes gens, pour des motifs non moins élevés à leurs yeux, se réunissent pour brûler leurs cartes d'enrôlement pour une guerre qu'ils répudient . . .

D'autres contestations? Celle bien connue des étudiants qui, sous le prétexte d'une hausse du prix du café au restaurant, prennent les pancartes comme on prend les armes et réclament tout, dont la destruction de la société qui les a faits. Et que dire des grèves ouvrières de par le monde, des accusations presque quotidiennes portées contre les autorités civiles, de création d'état policier, etc.?

Malgré les lieux, les buts et les moyens différents, les manifestations et les remises en question se rejoignent en communs dénominateurs: angoisse, crainte mal définie encore du nouveau monde vers lequel nous bouscule la technologie moderne, et refus d'accepter les structures établies soit par des régimes autoritaires, soit par un mercantilisme omniprésent. Mais, tout comme un organisme se défend des virus par des anticorps, l'humanité ne serait-elle pas en train de se défendre par ses contestataires des maux qui la menacent? Si telle optique est juste, alors ces révoltes sont rassurantes à condition qu'elles soient prises comme des signaux d'avertissement. C'est l'avertisseur qui fonctionne avant qu'une collision n'aille se produire. Encore faut-il en tenir compte et garder toute sa tête.

La situation est irréversible, l'humanité s'en va vers le progrès technologique et à vive allure. Ou la société maîtrisera ce progrès, ou elle en étouffera. A ce moment, pourquoi faire la sourde oreille à la contestation, puisqu'elle peut jouer le rôle du songe prémonitoire? Pourquoi alors ne pas aborder lucidement les transformations inévitables et nécessaires à une société viable de demain? La jeunesse n'a pas d'âge, certes, et elle a aussi fort souvent raison . . .

Au-delà des bannières et des oripeaux

Le 2 juillet 1971

Il n'existe pas de civilisation qui puisse vivre sans valeur supérieure. Il n'existe pas de collectivité qui puisse vivre sans la foi, non seulement en elle-même, mais tout autant, même davantage, en une valeur supérieure, transcendante, qui lui tienne lieu de guide. Le malaise dont témoigne la collectivité francophone à Montréal, et qui s'exprime ces jours-ci par des relations pénibles peuple-police, ne sourd point d'ailleurs que de cette recherche d'une foi en quelque chose de nouveau, à moins que ce ne soit aussi, ou davantage, de la désintégration de toute foi, à commencer par la foi en soi.

Plusieurs symptômes profonds nous servent de témoins à cet effet. Par exemple, cette querelle sur le sens à donner à notre histoire. Nous n'en sommes plus à la querelle qui divisait les historiens de l'école dite de Québec de celle dite de Montréal, sur l'interprétation de certains faits de notre passé. Nous en sommes rendus au point où des penseurs canadiens-français nient littéralement toute valeur à notre passé. Cela dépasse la crise de l'enseignement de l'histoire au Québec, encore que cette crise ait une importance qu'on ne saurait nier.

Le Canada français traverse-t-il une crise existentielle? On pourrait croire que oui, à voir par exemple une partie fort large de la jeunesse française de Montréal bouder tout aspect politique de nos problèmes. On pourrait le croire à entendre certains esprits

« internationalistes » ignorer le problème du Québec pour sauter tout de go dans un internationalisme flou, qui nie au départ toute velléité nationaliste. Ces fins esprits pourraient être accusés ainsi de douter de l'existence de leur propre entité collective pour ne penser qu'en terme de creuset nord-américain, par exemple. On se tromperait sur la démarche de leur esprit en les jugeant de la sorte. Ils sont peut-être ceux qui croient le plus en l'existence de leur propre collectivité francophone nord-américaine mais oublient par témérité les précautions « nationales » qu'on doit prendre pour protéger la petite santé de notre petit peuple, avant de lui faire courir la concurrence internationale pourtant inévitable.

Non, à notre sens, la large majorité admet d'une façon ou d'une autre qu'elle fait partie d'une collectivité francophone nord-américaine et elle ne doute pas de son identité. C'est au niveau des idéaux qu'elle se divise.

Entre la propagande et la consommation, le Canadien français cherche non pas tant à s'affirmer, en tout cas à Montréal, mais semble de plus en plus à la recherche d'une foi en quelque chose de transcendant, depuis surtout l'érosion de la foi religieuse. Les aînés souvent s'égarent dans un nationalisme sans but autre que celui d'affirmer une collectivité. Mais au nom de quel humanisme particulier ou nouveau?

La jeunesse canadienne-française de Montréal, ballottée entre l'écœurement d'agissements peu respectables de leurs aînés, souvent; et entre le culte du dollar, celui de l'oubli par des dérivatifs divers, celui d'un nationalisme souvent étriqué, ou d'un internationalisme qui ne porte pas à terre, cette jeunesse se trouve en plein centre de notre crise à nous, crise d'un peuple maltraité par l'Histoire et doublée de la crise profonde de l'Occident.

En ce début de juillet 1971, nous entrons en pleine période de vacances et nous passons par l'époque de la fête du Canada français et du Canada tout court. A l'écoute du peuple québécois, il est aisé de discerner que, dans la région de Montréal en tout cas, la simple passée de ces deux fêtes soulève une anxiété profonde. Cela nous apparaît comme une preuve évidente que nous en sommes à la phase de gestation d'un humanisme à bâtir.

Cet humanisme, ou on le bâtira ensemble. Ou on réfléchit, on écrit, et on parle tous ensemble pour rien!

Une question pertinente

Le 26 août 1971

Sans vouloir généraliser d'une part, et sans, d'autre part, oublier les heureuses initiatives prises par le Québec par exemple au chapitre de la « télévision par câble », il semble qu'on assiste à un mouvement graduel d'érosion de plusieurs centres québécois de décision et d'autonomie. La conjoncture économique nord-américaine, le climat politique canadien, peut-être un manque de lucidité et de courage, le tout se collant à une espèce d'atavisme canadien-français, ces éléments apparaissent chaque jour plus clairement en conjugaison pour faire enregistrer au Pouvoir québécois, pris en son sens large, un rétrécissement inquiétant.

Soyons bref: une espèce de brouillard baigne les activités québécoises, ces mois-ci, et le tout se manifeste par une espèce d'incertitude qui gagne du terrain, par une sorte d'hésitation collective de plus en plus palpable. Cela s'apparente tantôt à l'indécision, tantôt à l'interrogation et à la recherche, tantôt à du découragement quand ce n'est pas à de nets reculs. Le Québec, ce qui compte au Québec, observe, étudie, soupèse: c'est de l'attentisme.

Le témoignage le plus significatif de cet état d'esprit nous vient peut-être de M. Claude Morin, sous-ministre des Affaires intergouvernementales du Québec lequel, démissionnant de son poste, retourne à l'enseignement supérieur. Dans une entrevue accordée à la Presse Canadienne ces jours-ci, ce personnage-clé des relations du Québec avec l'extérieur depuis près de dix ans déclarait: « Franchement, j'ignore tout à fait ce qu'il va advenir de l'avenir politique du Québec. » Venant d'un quidam, on passerait. Venant d'un homme qui a été à l'origine de plusieurs pas en avant faits par la Province depuis dix ans, cela n'est pas rien!

Plusieurs observateurs ont vu dans la quasi-retraite de M. Claude Morin un mouvement de repli du sous-ministre par rapport au Gouvernement actuel du Québec. D'autres ont vu dans la décision de M. Morin la volonté du Gouvernement Bourassa de reculer dans certains domaines. A ce chapitre comme à bien d'autres, il nous apparaît bien vain de faire des procès d'intention à qui que ce soit. Il faut se contenter d'enregistrer le fait, et de le placer dans un ensemble.

Dans cet ensemble de faits, il faut bien placer aussi une déclaration comme aussi une initiative émanant de Québec, qui touchent le fonctionnement de l'information dans la Province. Ainsi, la commission parlementaire sur la liberté de presse vient de commanditer deux enquêtes dans le domaine de l'information au Québec. Comme on n'enquête pas là où tout va bien, il faut bien croire, malgré les bulles de grands et influents personnages, que tout ne va pas bien non plus au Québec dans le domaine de l'information et qu'un recul, là aussi, est réel, malgré les apparences. C'est ce qu'a voulu dire, peut-être, dans la Vieille Capitale le président de la Fédération professionnelle des journalistes du Québec, M. Claude Beauchamp, lorsqu'il a déclaré cette semaine: « Sous le couvert de réformes administratives et d'économies comptables, les entreprises de presse sont tapies depuis près d'un an dans un conformisme stérile qui sape à peu près tout dynamisme dans l'information. » Si le président de la FPJQ dit vrai, on enregistre à ce chapitre-là, vital pour une population, un autre recul, un autre mouvement d'érosion.

On pourrait citer de nombreux exemples pour nourrir nos inquiétudes, les questions strictement économiques étant, celles-là, aussi, incertaines et parfois douteuses. Faut-il alors se mettre martel en tête, ou trouver des boucs émissaires, ou se plonger dans le noir découragement? Ou ne faut-il pas penser que ces replis, ces reculs et ces interrogations ne forment pas plutôt ensemble une espèce de temps de réflexion collective, pouvant déboucher par la suite sur de nouveaux élans positifs?

Ceux qui ont observé Monsieur Nixon depuis un certain temps ont souvent ricané devant les hésitations, les déclarations parfois saugrenues, les actes parfois gauches du Président américain. Et tout à coup, vlan! Le Nixon caricaturé gèle prix et salaires, en un mot, montre qu'un Gouvernement, s'il le veut, peut se servir de son autorité, même sur les plus puissants cartels, pour sauver ce qu'il croit être le bien commun de la collectivité.

Les hésitations et les reculs observés au Québec depuis un certain temps ne pourront-ils pas un jour déboucher sur un déblocage collectif? La question apparaît pertinente.

L'Etat d'abord; si on en veut . . .

Le 29 septembre 1971

Le conflit qui oppose l'Association des policiers provinciaux du Québec (APPQ) au Gouvernement de la Province montre, on ne peut mieux, où peuvent conduire l'émotivité et l'entêtement. Une situation de relations humaines données se dégrade, le mécontentement se cristalise autour d'un ou de deux pôles, dont la mesure relative finit par recouvrir le tout et, en face, se développe une autre forme d'entêtement qui n'a rien à voir avec le doigté et le sens de la compréhension d'un état de fait. C'est la fable des deux boucs qui se rencontrent au-dessus du précipice.

Que devient le dialogue là-dedans? Ce conflit de la SQ montre on ne peut mieux combien la société québécoise, hélas, est loin d'être mûre pour la planification, entendue dans le sens d'un constant dialogue, entretenu par des voies régulières et franches, où le calcul mesquin n'a pas sa place et où l'intérêt de l'Etat doit, pour toutes les parties, être le seul point de repère. Comme la société québécoise a passé, passe et passera encore bien davantage par des phases successives tant que nécessaires de transformation profonde, ce conflit des policiers avec le Gouvernement montre, à lui seul, comment la société canadienne-française est faiblement pourvue de ce degré de maturité, du sens du bien commun et de l'intérêt primordial de l'Etat, pour poursuivre sa route.

La semaine dernière, un autre exemple de ce manque de maturité que commande le dialogue, donc la planification, nous était fourni par une résolution de la Chambre de commerce du Québec alors que d'éminents membres du patronat québécois, en majorité, recommandaient, dans le meilleur esprit du monde sans doute, que l'on « force les assistés sociaux à travailler ». C'est à faire rêver . . .

On admet sans peine qu'une minorité d'assistés sociaux du Québec soient des parasites amoureux de leur état parasitaire. Mais, du haut de leur piédestal doré, certains membres du patronat québécois devraient se demander si un citoyen qui travaille et est rémunéré en retour est encore un assisté social! Plus encore, du haut de ces piédestaux, ne devrait-on pas plutôt se demander, en face du chômage et de l'assistance sociale qui coûte cher à tout le monde, si l'Etat et l'Entreprise collaborent assez profondément, pour aider à résorber le problème.

Quand des ouvriers envahissent un bureau du Bien-être social pour réclamer, non des prestations mais du travail, on ne peut qu'éprouver de la sympathie pour ces citoyens. Par exemple, cela arrivait dernièrement à Mont-Laurier. Si les ouvriers de Sogefor sont obligés d'avoir recours au Bien-être pour subsister, est-ce donc eux qui l'ont voulu? On voudra nous rappeler encore, ici, le cas des parasites contents d'être parasites: là-dessus, j'aimerais bien savoir si ce n'est pas souvent la société, formée telle que l'a voulue la sacro-sainte et toujours **parfaite** entreprise privée, qui en est quelque peu responsable?

L'Etat et l'Entreprise utilisent-ils à bon escient nos épargnes québécoises? L'Etat et l'Entreprise collaborent-ils suffisamment pour trouver de nouveaux débouchés à nos produits? Planifie-t-on assez bien l'éducation, pour éviter de recycler à grands frais, des milliers de chômeurs instruits? Pratique-t-on une véritable immigration sélective? Etc.

On retrouve ici le problème de nos policiers, au chapitre des dialogues constants entre les parties composantes de notre société, en un mot, la question de la planification.

Quand la raison d'Etat prévaudra sur les agissements des gouvernements, des patrons et des syndicats; quand il existera des canaux permanents de consultation entre ces éléments, et que ces composantes de la société québécoise auront enfin compris 1) pour le Gouvernement, que le maintien au pouvoir n'est pas un but en soi mais un moyen de **servir l'Etat;** 2) pour le Patronat, que le fonctionnement de l'entreprise privée doit coopérer et collaborer avec le gouvernement pour **servir l'Etat;** 3) quand le Syndicat aura sa place EGALE à celle des deux autres groupes, autour de la table de la grande planification de toute l'évolution de la société québécoise, alors le Québec aura un bel avenir.

L'émotivité des uns, l'entêtement des autres, la vanité des derniers, seront alors relégués à l'arrière-plan, et on aura une évolution plus harmonieuse et moins de conflits qui risquent, à tout moment, de paralyser la machine et de nous jeter, nous tous, dans un chaos ridicule autant qu'imbécile où une large intelligence des choses n'a rien eu à voir.

Comment équilibrer l'évolution

Le 22 septembre 1971

C'est tout naturellement pour parler de la croissance économique de Montréal que se tenait la semaine dernière un symposium organisé par la Chambre de Commerce de Montréal et le Montreal Board of Trade. Analysées séparément, les interventions de plusieurs personnalités semblaient toutes pertinentes par les moyens qu'elles proposaient pour que la métropole canadienne reprenne un grand élan. Pourtant, est-il un de ces conférenciers qui, alignant des observations logiques, se soit rendu au bout des raisonnements que commandaient ces observations?

Par exemple, le président de Bell Canada, M. Scrivener, a particulièrement insisté sur la position avantageuse de Montréal dans les domaines de l'éducation, de la culture et des communications, pour conclure son exposé en admettant que le succès de Montréal « dépendra plus en fin de compte de la volonté et de la détermination des intéressés que de l'argent dont ils pourront disposer. » Cela est bien dit mais cela reste un tableau inachevé. Les domaines de la culture et de l'éducation, à Montréal, seraient des positions avantageuses pour la relance économique de la métropole, on veut bien le croire, car cela a toujours été ainsi pour les développements humains solides. Mais M. Scrivener n'aurait-il pas pu pousser plus loin et admettre qu'on est loin, peut-être même dans sa propre organisation, de faire ce qu'il faut afin non seulement d'ENDURER mais également d'ENCOURAGER l'épanouissement de la culture québécoise.

Voici maintenant un ministre du Gouvernement du Québec, le ministre des Finances, M. Raymond Garneau, qui déclare que Montréal ne croîtra pas si elle refuse le changement. « Il faut créer une structure d'accueil ouverte aux changements ». Cela tire la larme, de la part d'un ministre du Gouvernement québécois. Quoi? Montréal doit s'ouvrir aux changements pour assurer son développement? M. Garneau étant ministre, il faut penser que pour lui comme pour toute personne cultivée, les changements les plus importants dans une société sont les changements humains. Or, le gouvernement qu'il représente a-t-il les bras si large ouverts sur les changements que la société québécoise va DEVOIR CONNAITRE AU PLUS TOT si l'on veut que la dite société croisse, en économie comme dans tous les domaines de l'activité humaine. Par exemple, un ministre du Québec peut-il vraiment préconiser la politique du changement, quand le Gouvernement du Québec n'a même pas le courage, au niveau des échanges culturels avec la Francophonie, de prendre tout simplement le droit qu'il a, en vertu de la pourtant dépassée constitution canadienne fédérale, de parler d'autorité d'éducation, entre nous et avec les autres? C'est ça, reconnaître la nécessité de changement?

Enfin, ce ne fut point Malherbe qui vint, mais Saulnier, Lucien de son prénom, assez connu pour qu'on passe ses titres et fonctions. Son discours a paru d'un optimisme excessif à d'aucuns; peut-être était-ce le cas. Mais M. Saulnier semble avoir été le seul conférencier à se rendre plus loin dans la logique des énoncés, lorsqu'il a déclaré que « l'éveil du Québec est porteur de bons germes ». Et de dire, en substance, que les secousses et les progrès sociaux qui secouent la vieille structure dépassée de l'appareil social d'ici sont sans aucun doute les meilleurs garants d'une évolution économique durable.

L'évolution d'une société donnée ne se fait pas par petits secteurs compartimentés, mais bien plutôt quand tous les petits secteurs compartimentés progressent parallèlement. Le chaos vient lorsqu'un secteur prend le pas sur les autres, lorsque l'économique se prend pour le centre, alors que le social et le politique sont, par exemple, laissés pour compte, voire, comprimés.

Oublier, pour Montréal, pour le Québec, pour qui on voudra, que l'évolution est une question d'équilibre, c'est se réserver de sombres lendemains. Que ce soit par entêtement, par intérêt mal conçu ou simplement par bêtise.

A la recherche d'une unité?

Le 27 octobre 1971

Si l'on établit un parallèle entre l'atmosphère politique qui prévaut ces jours-ci au Québec et le stress collectif que la Province connaissait il y a douze mois, il apparaît que les épreuves mûrissent. Par exemple, l'Union nationale fait progressivement peau neuve, à ce qu'il y en a l'air; le NPD-Québec, par son congrès, semble descendre de plusieurs nuages, pour s'approcher du sol; enfin, le chef du PQ, dans une suite d'entretiens donnés au Devoir, montre qu'il est capable, à tête reposée, d'une sérénité de vue excluant assez bien ses anathèmes à l'endroit de qui ne le suit pas à la piste.

Cette idée de l'Union nationale d'abandonner un nom trop souvent lié à un aspect déplaisant de notre passé étonne tout le monde. Que l'UNION NATIONALE devienne L'UNITE-QUEBEC montre clairement le but proposé. Ce changement d'étiquette, aux dires de M. Loubier, veut marquer la relance du parti, de fond en comble. Les gens pressés diront que le chef unioniste va se contenter de changer le nom, va nous tromper d'apparence, bref, que la vieille Union nationale va persister sous le nouvel habit. C'est tomber là dans les procès d'intention. Attendons de voir plutôt la suite, c'est-à-dire ce que M. Loubier va concrètement faire, maintenant, de ses bureaux régionaux: de simples instruments pour conquérir le pouvoir, ou des organismes permanents d'étude et de consultation, pour le bien premier de la population. Quoi qu'il en soit, jusqu'ici, il faut admettre que le travail de redémarrage d'une formation politique qui a marqué notre évolution est amorcé.

Pendant ce temps, le NPD-Québec tenait à Montréal son congrès, chapeauté comme il se doit par le NPD-Canada. Et le NPD-Québec faisait la seule chose qu'il pouvait faire: répéter qu'il veut approcher les problèmes québécois sous l'angle social, sans nier pour autant qu'il pourra déboucher un jour sur l'angle « national ». Le NPD-Québec joue avec des images, c'est passionnant! Mais est-ce efficace? En admettant que le NPD-Québec colle si bien un jour à la réalité québécoise et prenne, sinon le pouvoir du moins un bon nombre de sièges, il faudra, à un moment donné, sous peine d'éclater, qu'il affronte la question « nationale » canadienne-française, c'est-à-dire qu'il descende des nuages et se rende compte qu'on ne peut que sur du papier, dissocier social et national. Le NPD-Québec a eu un congrès intelligent, mais d'une intelligence dans l'abstrait, susceptible de le laisser encore longtemps éloigné du réel québécois, entendre de la population, tant qu'il n'aura pas admis qu'un tableau, si beau soit-il, ne demeure qu'une transposition de la réalité, sur une toile.

Enfin, avec une sérénité dans le verbe à laquelle il ne nous accoutumait guère depuis un certain temps, le chef du PQ met à jour dans sa suite d'entrevues au Devoir des réalités qu'il faut comprendre si on veut comprendre le Québec. Une de ces réalités vitales: la nécessité de faire connaître le vrai Québec à l'extérieur. Lorsqu'un chef politique québécois déplore les « conneries » d'un commentateur du journal Le Monde, sur le Québec, il faut l'applaudir, qu'il soit sécessionniste ou pas. C'est presque aberrant de lire ce qui s'écrit sur le Québec à l'étranger et, compte tenu de notre isolement tragique, il faut accepter que notre collectivité vivra avec des aides et des amis de l'extérieur, ou ne vivra pas, dans le livre comme pour le reste. Que M. René Lévesque le reconnaisse enfin, c'est là une preuve de sens du réel qui manque trop à la vie politique non seulement québécoise mais canadienne.

En gros, comme en raccourci, ce qui se passe dans ces trois partis politiques québécois d'opposition est intéressant: cela prouve le sens d'une recherche collective vers un épanouissement qui n'a pas été, jusqu'ici, notre caractéristique nationale, tant s'en faut.

De 1837 à 1971,
en passant par la Louisiane . . .

Le 10 novembre 1971

Le Dr Camille Laurin, faisant allusion au tiraillement qui se manifeste à l'heure actuelle au sein du P.Q., vient de déclarer que, « par suite de l'évolution de la conjoncture . . . son parti se heurte à une antithèse. Il nous faut maintenant refaire la synthèse non pas seulement par des analyses théoriques, mais A LA LUMIERE DE L'HISTOIRE. »

Si on élargit le débat à toute l'activité de notre société, à partir des événements d'octobre 1970 et des derniers remous sociaux à Montréal, on admettra qu'il faut envisager tout le mouvement évolutif de notre collectivité A LA LUMIERE DE NOTRE HISTOIRE. Plusieurs arguments militent en ce sens, de nombreux faits passés et récents convergent vers la nécessité de garder un recul historique avant d'entreprendre des actions d'envergure.

Pour qui connaît le moindrement notre histoire, 1837 doit demeurer un point de repère constant. Alors que notre collectivité jouissait pourtant d'une proportion numérique autrement plus importante que celle que nous connaissons aujourd'hui, le mouvement d'émancipation entrepris en 1837 par des leaders bien intentionnés mais à courte vue a échoué: la majorité d'alors a su provoquer l'accélération de ce mouvement pour le tuer dans l'œuf. On sait la suite.

Les problèmes de la collectivité canadienne-française d'aujourd'hui sont essentiellement encore des problèmes d'émancipation, qu'on les voie dans le cadre confédératif ou pas. Seulement, notre proportion numérique a diminué considérablement depuis un siècle dans le pays; le Canada lui-même est tombé sous une coupe économique bien plus lourde encore que celle que connaissait le Dominion, il y a plus de cent ans, et nous en sommes toujours, nous, au phénomène de la recherche d'une identité.

Ce que les événements d'octobre 1970 ont montré, c'est qu'au moindre remous dans la société québécoise française, cette société se voit soudainement encadrée d'une manière presque totale et c'est l'asphyxie, pour employer un euphémisme, qui nous menace. A ce propos, ce que déclarait dans Le Devoir de lundi un ex-capitaine de l'armée canadienne sur les unités francophones est troublant. Les allégations étonnantes de M. Denis Turcotte touchant la naïveté déconcertante de la population francophone face à l'habile politique d'encerclement et à la minorisation patiente de notre collectivité sur le sol canadien sont des allégations auxquelles l'étude de notre histoire donne un poids inquiétant. Ceci était dit sans même vouloir voir des complots autour de nous, mais seulement en regardant l'évolution maintenant naturelle des choses.

On comprend bien mieux l'attitude des leaders politiques canadiens-français, et notamment celle du Dr Camille Laurin, qui refusent absolument de voir des pans de la société française ici se diriger vers des affrontements violents qui ne nous conduiraient qu'à des humiliantes défaites, défaites qui ne feraient qu'approfondir notre état collectif de dépendance. En d'autres termes, quand on est David, il ne faut pas songer, même un instant, à jouer au Goliath . . . A plus forte raison si les leaders ne sont pas assurés, tant s'en faut, d'être suivis par les troupes.

A ce propos, la cohésion syndicale dont on vient de connaître l'avènement est un heureux événement. Mais il ne faudrait pas que ces leaders syndicaux s'imaginent que, comme l'a bien dit le chef péquiste lundi, la population québécoise est massivement prête à les suivre. Le maire de Montréal, M. Drapeau, a absolument raison lorsqu'il tend à atténuer le sens des manifestations que Montréal a connues récemment. D'ailleurs, il n'avait pas besoin de le dire: le résultat des élections municipales de l'an dernier a montré, on ne peut plus péremptoirement, et malgré des circonstances pour le moins regrettables, de quel côté allait la masse canadienne-française.

Faut-il pour cela penser que notre sort est voué à une « louisia-nisation » du Québec français? Il se peut que cela soit vrai. Il se peut tout aussi bien que cela ne soit pas vrai, si jamais l'élite cana-dienne-française comprend, et commence d'abord à apprendre son histoire. Si on croit en l'axiome qui dit que le passé est garant de l'avenir, on peut être pessimiste. Si, au contraire, comme le disait le Général de Gaulle à Québec en 1967, « ce qu'il faut c'est une élite, tout le reste suivra », alors on peut être optimiste.

Nos congrès de « walkie-talkie »

Le 26 novembre 1971

En 1956, le Directeur du Devoir, Gérard Filion, parlant du Parti libéral du Québec, écrivait qu'il s'agissait d'un « parti qui a donné l'impression depuis 1939 d'être prêt à jeter aux orties les garanties fondamentales qui avaient permis aux Canadiens français de se fortifier dans leur réserve québécoise ». Ce parti est revenu au pouvoir depuis; c'est lui qui tenait son congrès annuel à Québec en fin de semaine dernière; c'est ce parti au pouvoir qui repré-sentait, somme toute, le Québec, à la toute récente conférence fédérale-provinciale à Ottawa. Le Parti libéral du Québec méri-te-t-il toujours les attributs que lui accolait M. Gérard Filion en 1956?

Le fleuve Saint-Laurent a charrié pas mal d'eau et d'autres choses depuis l'époque duplessiste. Le Parti libéral a connu ses Lesage, ses René Lévesque, ses Laporte; il connaît aujourd'hui ses Caston-guay, ses L'Allier, ses Louis-Philippe Lacroix ...

Sous Lesage, le Parti libéral au pouvoir nationalisait l'industrie hydro-électrique et continuait l'œuvre de Duplessis en matière constitutionnelle: faire reculer le mouvement de centralisation du Fédéral.

Sous Bourassa, le Parti libéral fait des efforts, beaucoup d'efforts même, pour stimuler l'économie québécoise; mais il est vrai que Bourassa n'a pas trouvé, à son arrivée au pouvoir, les finances de la Province dans le même état que celui qu'avait laissé Duplessis.

Sous Bourassa, le Parti libéral fait des efforts, beaucoup d'efforts même, pour stimuler l'économie québécoise. Mais le « fédéralisme rentable » semble coûter pas mal cher et ne pas rapporter autant que les petites annonces du Montréal-Matin, si on se fie au résultat de la dernière conférence fédérale-provinciale.

Sous Bourassa, le Parti libéral fait des efforts, beaucoup d'efforts même, dit-on, pour défendre le bien commun québécois. Les luttes de M. L'Allier pour élargir les pouvoirs du Québec en communications sont là, en marche, par exemple. Mais cela n'impressionne pas tout le monde, tant s'en faut.

Ce qui a étonné bien du monde, cependant, c'est le congrès aux « walkies-talkies » que le Parti libéral de M. Bourassa a tenu en fin de semaine. Ces assises politiques annuelles ont pour but de permettre aux dirigeants des partis de connaître l'opinion de la « base » et d'en constituer le programme électoral et le plan de travail des douze mois suivants. Or, qu'arriva-t-il au congrès libéral de la fin de semaine dernière? Un atelier risquait-il d'adopter un projet contraire aux vues des éminences grises que les radios pirates entraient en action; des commandos de votants à gages arrivaient et faisaient, dit-on, basculer la majorité du côté qu'il fallait.

Il se trouve un bon nombre de « bleeding hearts » pour crier au viol de la démocratie au sein du Parti libéral, au sein du Parti au pouvoir, presque au sein du Gouvernement du Québec. C'est avoir le cœur bien sensible, tout à coup, en même temps que la mémoire courte, et le sens de l'observation bien mal dirigé . . .

Ces procédés absolument anti-démocratiques sont condamnables, c'est évident. Encore qu'il faille sourire de la naïveté de tels organisateurs. S'il faut crier haro sur le baudet, faut-il qu'il soit tout simplement « rouge »?

C'est ignorer comment se déroulent les congrès des autres formations politiques canadiennes-françaises. C'est ignorer qu'un pauvre hère, sorti des hippodromes, aurait bien pu, en faisant de l'antichambre dans les toilettes d'une salle de congrès politique, dans une autre formation, en devenir le chef! C'est ignorer qu'un autre parti politique, qui voulait adopter une motion faisant du français la langue du Québec, a vu son vote basculer en plein congrès « démocratique », sous la pression d'un membre, parce que celui-ci avait le poids et le charisme d'un chef . . .

Au fond, ces congrès aux « walkies-talkies » ne sont pas, en définitive, le propre d'un parti, au Québec. Ils sont le fait d'une population dont une bonne proportion s'accommode fort, encore et toujours, de génération en génération.

Les mœurs politiques n'ont pas de couleurs. Et si elles en avaient, elles seraient aux couleurs morales d'une population, en sa majorité.

Chapitre neuvième

QUÉBEC-CANADA

« Des menaces d'une gravité sans précédent »

Le 27 janvier 1971

On ne peut que tomber d'accord avec le chef de l'Opposition, monsieur Jean-Jacques Bertrand, lorsque celui-ci déclare qu'« à moins d'une vigoureuse réaction de l'opinion publique, nous sommes mûrs pour un nouveau coup de force constitutionnel, pour une nouvelle formule Fulton-Favreau ». On ne peut que tomber d'accord avec le chef de l'Union nationale lorsqu'il dit que « des menaces d'une gravité sans précédent pèsent sur notre avenir collectif ... » Il nous faut admettre que la qualité du discours de M. Bertrand au congrès unioniste de fin de semaine, que la solidité de son argumentation, que l'aplomb de son énoncé, sont toutes choses auxquelles M. Bertrand ne nous avait pas tellement habitués lorsqu'il était Premier ministre. Mais le passé est le passé, et les négociations fédérales-provinciales qui sont à l'horizon, les Québécois ont raison de les craindre. Pourquoi?

Depuis la fin de la deuxième guerre mondiale jusqu'à tout récemment, le Québec avait graduellement commencé à prendre ses responsabilités et plusieurs de ses initiatives autonomistes rencontraient un besoin essentiel de développement pour notre collectivité: reprise graduelle en main de champs de taxation (notamment sous M. Duplessis) ; mise en place de nouvelles structures économiques (Hydro-Québec, SGF) ; établissement de liens directs entre Québec et Paris (sous MM. Lesage et Johnson) ; prise de responsabilité envers la Francophonie, etc.

Pourtant, les menées centralisatrices du palier fédéral, qui rompent ainsi d'ailleurs le sens du Pacte de 1867, menacent de plus en plus l'autonomie que doit connaître le Québec pour pouvoir vivre sa vie. Tantôt Ottawa empiète sur le domaine du revenu; tantôt il prétexte le mieux-être de tous les Canadiens pour élargir son champ de compétence dans le domaine social; le champ de la culture et de l'éducation même, pourtant bien dévolu par la Constitution aux paliers provinciaux, subit les ardeurs envahissantes d'Ottawa. Nous en étions déjà là avant les élections d'avril dernier. Qu'en est-il aujourd'hui?

Il n'est pas besoin d'être grand clerc pour s'être aperçu que le palier fédéral fait feu de tout bois pour asphyxier les Provinces au niveau des revenus pour, ensuite, avec des airs de prince de Perse, venir distribuer ses surplus de largesses, lesquelles recouvrent la griffe du loup en train de dévorer le palier provincial de l'Etat canadien. Le député de Chicoutimi à Québec avait raison de dire l'autre jour qu'au train où vont les choses, Ottawa bouleversant tout dans la Constitution, il sera facile d'en écrire une nouvelle, celle de 1867 n'étant pratiquement plus observée... C'était caustique, mais c'était vrai.

Il faudra donc que les représentants de l'Etat québécois soient fermes et vigilants à la conférence fédérale-provinciale sur le Bien-être qui s'ouvre cette semaine à Ottawa. Il faudra que le Gouvernement québécois soit énergique encore plus, lors de la nouvelle réunion de la conférence sur la constitution, début février, à Ottawa. Or, le Gouvernement du Québec que nous avons, pouvons-nous lui faire confiance, lorsqu'il va s'engager dans une autre manche de cette lutte serrée entre Québec et Ottawa? Le moins qu'on puisse dire, c'est que la crise d'octobre que nous venons de traverser nous a laissé plusieurs raisons d'inquiétude à ce chapitre. A entendre en outre le ministre Tessier, des Affaires municipales du Québec, déclarer qu'il ne craint pas les intrusions d'Ottawa, dans les Affaires urbaines, on est en droit de craindre de nouveaux abandons. Mais la publication du rapport Castonguay sur les Affaires sociales, juste avant la rencontre d'Ottawa, nous montre qu'à ce chapitre-là, au moins, on peut attendre une attitude solide du représentant québécois. D'autant plus que le même ministre déclarait la semaine dernière « qu'une nouvelle constitution canadienne qui ne reconnaîtrait pas clairement . . . que les Québécois constituent un groupe différent . . . serait inacceptable ».

D'accord avec M. Bertrand sur les « menaces d'une gravité sans précédent qui pèsent sur notre avenir collectif », nous le sommes également avec M. Castonguay lorsqu'il s'engage ni plus ni moins à aller réclamer à Ottawa un statut particulier pour une Province qui n'est pas comme les autres. Nous osons croire que M. Castonguay reflète l'opinion du Premier ministre que la crise d'octobre nous a laissé.

« Que de bonnes intentions . . . »

Le 24 février 1971

Lorsque la majorité anglaise du Canada décida enfin d'obtempérer aux vœux depuis longtemps émis par la minorité française et que les deux efforts, enfin conjugués, furent au même diapason sur ce sujet, le Canada abandonna l'Union Jack et nous dota de l'unifolié. Depuis si longtemps qu'ils ressentaient le besoin d'un emblème distinct, les Canadiens français s'étaient dotés du fleurdelysé au Québec et virent arriver la feuille rouge à leurs mâts avec vraiment peu d'enthousiasme.

Depuis des décennies que les Canadiens français craignaient avec raison pour leur survie comme collectivité dans les Provinces anglaises, même un peu au Québec. La majorité anglaise décida tellement tard d'enquêter sur la question que les résultats du rapport BB arrivèrent alors que la plupart de « nos minorités » étaient assimilées et le rapport qui aurait suscité des enthousiasmes collectifs chez les Francophones, quarante, vingt ou même dix ans plus tôt, fut accueilli au Québec comme on sait.

On pourrait parler des chèques bilingues. On pourrait parler du désir des Canadiens français de se débarrasser de la tutelle de Londres depuis longtemps: ils durent attendre les années trente pour que la majorité, enfin prête, négocie notre « élargissement »: les Francophones au pays reçurent alors cette nouvelle, en général sans enthousiasme, contrairement à ce que cela eût été cinquante ans plus tôt.

Ainsi va l'histoire du Canada. Le fond du litige n'est pas surtout là, mais il est quand même là, dans cette lenteur de tortue de la nation canadienne-anglaise à reconnaître des changements à apporter, et à l'impatience de la nation canadienne-française à les demander. Quand la tortue arrive au poteau d'arrivée, le lièvre est déjà lassé d'attendre et a pris encore les devants.

Le Premier ministre du Canada prononçait dimanche soir un intéressant discours à Montréal; la preuve en est qu'il fut tièdement applaudi ... M. Trudeau a été on ne peut plus clair quant à sa conception du Québec au sein du Canada, et quant aux services que l'un pourrait rendre à l'autre, et l'autre à l'un, en s'épaulant. Tout, dans la théorie canadienne du Premier ministre se tient: il faut lire son discours pour s'en convaincre. Au fond, monsieur Eliott-Trudeau ne voit rien de contre nature dans l'alliance au sein d'un même cadre politique des Canadiens français et anglais; il semble même n'envisager leur survie qu'ensemble.

Dans des textes non moins remarquables, le chef du Parti québécois émet à son tour sa vue du territoire canadien, comme devant être un territoire partagé politiquement en deux morceaux: le morceau français qui coïncide pas mal avec le Québec, le morceau anglais, qui recouvre à peu près le reste. Si on fait le tour des énoncés de M. René Lévesque, on y trouve les mêmes expressions que celles trouvées dans le discours de dimanche de M. Trudeau: « venir à bout de nos craintes et de notre repliement ... mobiliser toutes nos énergies ... faire un Québec neuf, robuste et prospère ... ».

Mais alors, les deux leaders veulent la même chose! Et pourquoi pas? La différence, c'est que le premier pense que la tortue peut s'entendre avec le lièvre, malgré la différence de nature; le deuxième, moins ... C'est une question de confiance, et la confiance émane bien plus du cœur que du cerveau.

Cette comparaison toutefois ne peut tenir qu'à deux conditions: 1) que la tortue reconnaisse l'existence du lièvre; 2) que le Canada ne soit pavé que de bonnes intentions.

La vraie BB valait peut-être mieux

Le *24 mars 1971*

Rêver d'une réalité est une chose. Travailler dans le réel et en couper des morceaux pour bâtir du neuf est autre chose. La fin abrupte de la commission fédérale sur le bilinguisme et le « biculturalisme » le prouve. On ne peut trahir un rêve qu'en restant dans la réalité du dit rêve; du moment qu'on se réveille, qu'on revient au concret en laissant de côté les phantasmes qui hantaient son esprit quelques instants auparavant, on reprend pied sur terre. La fin dite prématurée de la Commission B & B ne fait que prouver la différence qu'il y a entre un rêve et un dessein.

Dès sa conception, ce projet ne contenait-il pas dans l'œuf ce qui apparaît aujourd'hui comme un avortement? Question pertinente à laquelle peuvent répondre plusieurs déclarations faites à la naissance même de la commission.

Ainsi, dans le dernier éditorial qu'il signait avant de se lancer dans les travaux B & B, feu André Laurendeau disait que « ... dans ma façon de voir, la mission des commissaires revient à étudier ... le problème de la coexistence amicale des deux nations ... ». Avec tout le respect dû à la mémoire du journaliste, il est permis de se demander si le commissaire était réaliste en reconnaissant, et surtout en pensant que les autres reconnaissaient, l'existence de DEUX nations au Canada. Echafauder un travail sur une prémisse aussi vacillante, n'était-ce pas une démarche périlleuse de l'esprit, ou tout simplement un sentiment, admirable en soi, mais sentiment quand même?

Dans la mission accordée à la Commission d'enquête, en 1963, le Gouvernement d'Ottawa établissait par ailleurs, parmi ses propres prémisses, la suivante: « Dans un pays qui n'accepte pas la doctrine du « melting pot »... Cette prémisse collait-elle à la réalité, à son tour? La société canadienne, en son ensemble, n'était pas, en 1963, tout comme aujourd'hui d'ailleurs, une société de type creuset? Il est permis d'en douter, aussi bien aujourd'hui qu'hier. Plus aujourd'hui qu'hier encore, précisément à cause des premiers rapports de la commission B & B mêmes. Les statistiques fédérales, celles de 1961 en particulier, montraient que la société canadienne, en son ensemble, était tout aussi assimilatrice, sinon davantage, que celle ·des Etats-Unis par exemple. En enlevant les lunettes du rêve, les chiffres ont montré et montrent toujours que le Canada est un pays assimilateur, qu'il pratique la politique du creuset, même si de nombreuses personnes prétendent — plusieurs en toute bonne foi — le contraire.

Aujourd'hui, il se trouve des Canadiens pour s'indigner de la fin prématurée de ces travaux et pour parler de trahison. Cela apparaît grossièrement exagéré, et comme surprise et comme sentiment. « On ne peut décréter un pays », disait Jean-Paul Desbiens dans La Presse du 20 mars 1971. Et ce n'est pas une commission d'enquête qui va forcer une nation à continuer à nier stupidement l'existence d'une autre nation à ses côtés. Les commissaires B & B d'aujourd'hui s'en sont rendu compte. Sont-ils si bêtes qu'on le dit?

Le malheur, c'est que durant huit ans, au moins dix hommes ont travaillé et dépensé dix millions de dollars pour prouver ce qu'un simple petit manuel d'histoire du Canada, à deux dollars, peut montrer en 200 pages. Une nation a été conquise ici il y a longtemps par une autre nation. La deuxième n'a eu de cesse de vouloir absorber, pour des raisons qui ne sont pas toutes noires, la première. N'y ayant pas encore réussi, elle tente d'ignorer l'existence de la première entité, qui persiste dans son refus de disparaître.

Avant de dépenser d'autres millions pour tenter de faire s'entendre la deuxième et la première, il faudra dorénavant que la deuxième accepte l'existence de la première, comme étant une réalité. D'ici là, les politiciens auront beau faire de la « politicaillerie », et les rhétoriciens, de la rhétorique, rien de bon ne sortira de nos hypocrites tiraillements.

D'un siècle à l'autre

Le 5 mai 1971

Il en est, mais ils ne sont pas nombreux. Il y en a quelques-uns par-ci, quelques-uns par-là; un peu plus d'un côté, un peu moins de l'autre, mais on finit par les trouver plus nombreux qu'on ne pensait jamais en dénombrer. Et je m'en tiens à l'arène politique. Je parle d'esprits indépendants.

Après son leader, le député conservateur de Joliette, M. Roch LaSalle, démissionne de son parti pour ne point abandonner ce qu'il croit être juste. Sans doute par lassitude, mais plus sûrement par courage, Roch LaSalle, qui n'a rien d'un forcené, abandonne le Parti conservateur canadien parce qu'à ses yeux, celui-ci tarde trop à comprendre le problème de la dualité canadienne.

Il vient d'y avoir l'entêté d'Irlandais montréalais Eric Kierans qui, lui aussi, rompt les amarres, abandonne le port de . . . plaisance, pour aller voguer sur on ne sait plus quelle mer houleuse, l'une de celles qu'il préfère, sans doute finalement. Pourquoi? Parce qu'il veut bien composer, M. Kierans; l'histoire de sa vie montre qu'il en est capable. Mais l'histoire de sa vie, jusqu'ici, montre également qu'il ne compose pas pour se renier. Cela doit être souligné, même si on ne partage pas ses vues, et des méthodes qui n'ont pas toujours été admirables, tant s'en faut.

Puis, du cabinet à slogans, émane de Québec une déclaration soudaine autant que directe et qui ne prête pas à équivoque. « Nous n'irons pas marchander nos pouvoirs sur les communications », dit le ministre L'Allier, dans la Vieille Capitale, faisant allusion à la conférence de Victoria. Et, s'extirpant d'entre les jeux ambivalents de son Chef et d'entre les pluies d'injures de son Whip en chef, le ministre québécois des Communications ajoute que la majorité anglophone a son premier Gouvernement à Ottawa, la minorité francophone, son premier Gouvernement à Québec, d'où il ressort qu'il faut repenser le Canada pour en faire une alliance à deux. Cela n'est pas nouveau, cela n'est plus original, mais cela est dit par un ministre du Gouvernement du Québec, à deux mois de la grande conférence sur la constitution, qui aura lieu à la mi-juin à Victoria. Pis encore, aux yeux de cet important ministre du cabinet Bourassa, le Premier ministre Trudeau n'est pas logique car, d'un côté, il préconiserait le « one nation, one government » et d'un autre côté, il croirait en la révision constitutionnelle.

Il y aurait bien d'autres exemples à citer, mais pas tant quand même: ils ne sont pas nombreux, mais ils sont là. Ils ne sont pas nombreux, mais ils font mentir une phrase d'Anatole France qui, dans les « Opinions de M. Jérôme Coignard », écrivait, parlant des hommes politiques: « Les ministres et leurs amis invoquent le salut de l'Etat quand ils sont menacés dans leur fortune et leur emploi. Et ils se croient volontiers nécessaires à la conservation de l'empire, car ce sont pour la plupart des gens intéressés et sans philosophie. Ce ne sont pas pour cela des méchants. Ils sont hommes, et c'est assez pour expliquer leur pitoyable médiocrité, leur niaiserie et leur avarice. »

Anatole France parlait alors des hommes politiques d'Angleterre, de la fin du 19e siècle . . .

L'assimilation à la soviétique

Le 12 mai 1971

On ne sortira pas notre grand livre de statistiques encore une fois. On le sait depuis assez longtemps, la proportion de Canadiens qui utilise la langue française décroît d'année en année. En outre, selon les statistiques fédérales de 1961, on sait que l'assimilation des Canadiens français galope dans huit provinces sur dix, s'en va au trot au Nouveau-Brunswick, et avance imperceptiblement au Québec, notamment dans la région de Montréal. C'est avec quelque appréhension que les mathématiciens du fait français au Canada attendent les statistiques fédérales de 1971. Quant à ceux qui jugent de la vitalité du fait français ici par la qualité et non par la quantité, la dégradation de la langue parlée par la masse est si évidente qu'on est surpris, personnellement, chaque fois qu'un rhéteur en mal de faveurs « d'en haut » s'étend sur l'amélioration de la qualité de la langue populaire au Québec. Il est décidément des gens qui sont sourds ou aveugles, ou les deux à la fois.

Toutes ces joyeuses choses étant constatées, une seule conclusion logique s'impose. Si l'on veut sauver le fait français ici, dans le but de sauver un véhicule de pensée de grande qualité, il faut agir en même temps sur deux plans: celui de la qualité et celui de la quantité. Or, d'Ottawa, deux données étranges émanent, dans le but déclaré d'aider à la survie du français au Canada.

La première étrangeté nous vient du Comité consultatif des conseils bilingues. Le Comité admet comme préalable « qu'au Québec, c'est le français et non pas l'anglais qui serait menacé sinon dangereusement compromis ». Fort bien, à peu près tous ceux qui savent que deux et deux font quatre l'admettent. Mais, de cette constatation, le même Comité recommande de faire de tout le Québec un district bilingue. Comment un esprit humain sain peut-il passer d'une telle prémisse à une telle conclusion, quand on connaît les lois naturelles des relations des peuples? Le bilinguisme n'est même pas officiel que l'anglais menace le français partout au Québec, et le fait reculer à Montréal, colonnes de chiffres fédéraux sous le bras!

La seconde étrangeté nous vient également d'Ottawa, et de la part de la plus influente personne du pays, le Premier ministre. Dans une entrevue à la télévision, M. Elliott-Trudeau déclare en substance que c'est le fédéralisme (entendre, non pas UN fédéralisme, mais SON fédéralisme) qui est la voie de l'avenir de toutes les entités canadiennes, du Canada français en particulier. Et M. Trudeau de citer en exemple le fédéralisme de l'Union soviétique. Les Russes, de dire notre Premier ministre, avec une multitude de langues et de provinces, ont réussi à former un système fédéraliste dans un Etat fort. Cette affirmation de la part d'un quidam, ne saurait trop nous inquiéter. Mais du Premier ministre du pays, cela est pour le moins étonnant. Le fédéralisme russe qui protège les langues et les provinces? Mais justement, c'est peut-être sous le couvert du fédéralisme que l'URSS réussit mieux que n'importe quel pays au monde à assimiler tous les groupes. Samedi dernier encore, une dépêche de l'AFP nous montrait que « les minorités se fondent peu à peu dans le creuset russe ». Le pauvre peuple ukrainien, pour n'en citer qu'un dont le cas ne fait de doute à personne, paie de son existence même le prix de ce fédéralisme soviétique qu'on veut nous donner en exemple.

Mais puisqu'on nous a servi le fédéralisme russe comme exemple, il ne nous reste qu'une seule conclusion à tirer: si c'est de ce fédéralisme-là qu'Ottawa veut se servir pour « protéger » le fait français au Canada, point étonnant qu'une commission outaouaise veuille faire du Québec une province bilingue. C'est exactement de cette manière et sous ce camouflage que les Russes sont en train de faire disparaître les ethnies en URSS, et que les Ukrainiens, naguère peuple de quelque quarante millions d'âmes, sont aujourd'hui sur la voie de l'extinction devant la « protection » fédéraliste du Kremlin.

Les « conférences constitutionnelles »
ad nauseam

Le 21 mai 1971

Il y a un peu plus de deux siècles, une guerre entre deux armées coloniales a décidé de notre sort.

Il y a un peu plus d'un siècle, les pères de la Confédération ont décidé de notre sort dans un salon, sans consultation populaire.

Depuis quelque quatre ans, les conférences sur la constitution tentent d'établir notre sort futur. La conférence qui aura lieu à Victoria à la mi-juin s'inscrit dans cette suite de rencontres entre les représentants des Gouvernements fédéral, des neuf Provinces anglaises et de la Province française. D'une conférence à l'autre, les spécialistes disent que la prochaine rencontre sera décisive. Aucune ne le fut vraiment. Celle de Victoria sera-t-elle si importante qu'on le dit? « Forse che si, forse che no! ».

La nouvelle équipe au pouvoir à Québec, après un an d'école, a-t-elle suffisamment d'étoffe et de cohérence pour faire face à la musique? Qui a assisté à ces conférences sait que, chaque fois qu'un seul sujet essentiel est mis sur la table, le Québec se retrouve seul de son bord, ou à peu près. Le Gouvernement Bourassa aura-t-il acquis assez d'assurance pour tenir le coup? Et les dissensions fondamentales que de mauvaises langues veulent voir au sein du cabinet Bourassa, ces divisions laisseront-elles assez de champ de manœuvre à M. Bourassa? D'ailleurs, la délégation québécoise, quand elle partira pour Victoria, sera-t-elle encore assez naïve pour croire qu'on la convie à une fête fraternelle d'où elle sortira les bras chargés de cadeaux?

Par ailleurs, est-il acceptable qu'une conférence de la sorte se tienne à huis clos, lorsqu'elle décide de notre sort? Si le huis clos est nécessaire pour aider à la marche des débats, il faudrait, si une décision capitale y est prise, que les chefs de Gouvernement, au sortir de leurs ententes secrètes, les publient en entier et les fassent ensuite entériner ou rejeter, avec leur Gouvernement, par un appel au peuple, ou par un référendum. Autrement, ce n'est plus de la démocratie, c'est de l'hypocrisie totalitaire.

Mais, encore là, est-ce l'essentiel de la question? Quand des changements majeurs ont été réalisés par des nations, ces changements ont rarement été accomplis au cours de palabres. Sans dire qu'il faille passer par la violence, nous pensons toutefois que, et surtout dans les circonstances actuelles, c'est par des ACTIONS légales et des gestes CONCRETS, plus que par des palabres, que le Québec obtiendra satisfaction. Duplessis l'a prouvé avec la double imposition; Lesage et Johnson l'ont prouvé avec des actes posés à l'étranger, lorsqu'ils décidèrent d'ouvrir les fenêtres du Québec sur le large, fenêtres qui étaient barricadées depuis deux siècles.

Qui fait l'ange fait la bête. Ce proverbe devrait être écrit à l'entrée de l'Assemblée nationale de Québec. Et aussi à Ottawa. La commission BB ne l'a-t-elle pas prouvé, ad nauseam?

Un Canada troublé

Le 28 mai 1971

Depuis quelque temps, le rythme s'accélère des déclarations et des faits qui révèlent des malaises de divers ordres au Canada. Ce frisson de malaises parcourt l'échine canadienne d'un bout à l'autre de ce grand corps continental. On en perçoit de mieux en mieux les symptômes; on arrive difficilement à définir pourtant le mal.

Bien sûr, l'inflation que nous importons des Etats-Unis et que nous augmentons ou ne contrôlons pas assez est là, béante, et elle engloutit des milliers de chômeurs d'un bout à l'autre du pays. Inflation et chômage: et pour combattre ces deux maux, le Gouvernement fédéral utilise la même arme: la raideur.

D'autre part, les Gouvernements des Provinces sont de moins en moins satisfaits de leur sort. Les Provinces voient s'accroître leurs responsabilités plus vite que ne rentrent les sous pour s'acquitter de leurs obligations. Pendant ce temps, le palier fédéral du Gouvernement du Canada baigne dans des surplus budgétaires et oppose quoi aux Provinces: la raideur.

Du reste, les autorités administratives les plus coincées en ce moment au Canada sont peut-être celles des municipalités, et plus particulièrement des municipalités populeuses. Devant l'énormité de leurs responsabilités, comme la lutte à la pollution, que cueillent-elles d'Ottawa? La raideur.

Cette raideur, selon certains, serait imputable au premier plan à l'équipe de M. Elliott-Trudeau et à sa propre personne. Sans doute que l'intransigeance trudolesque existe, au cabinet, dans la politique économique, dans les relations fédérales-provinciales, dans les relations du fédéral avec ses employés. Mais cette intransigeance vient-elle seulement du caractère du Premier ministre? Cela serait trop simple.

A la raideur trudolesque, il faut ajouter le fonctionnement de l'appareil gouvernemental fédéral, lourd, coûteux et, aux dires d'hommes d'affaires et de financiers avertis, pas plus efficace qu'il ne le faut: ce service civil fédéral « qui oppose sa résistance de fossile à toute innovation », pour reprendre l'expression du Montreal Star utilisée à ce propos cette semaine!

Outre le chômage et l'inflation, des symptômes bien plus frappants apparaissent et se multiplient: les défections dans les rangs libéraux mêmes. On ne parlera pas des désapprobations pleurnichardes de l'Opposition de Sa Majesté: elles endorment plus qu'elles ne réveillent à la fin . . . Et les Syndicats. Et les Chambres de commerce, etc.

En additionnant les mécontentements et les griefs de tout le monde, on en arrive déjà à une somme inquiétante: les Provinces au point de vue fiscalité, les Municipalités à tous égards les régions économiques comme l'Ouest ou le Québec. Et nous n'avons pas même abordé le contentieux constitutionnel derrière lequel Ottawa se barricade avec la vigueur d'une vierge parvenue à l'étape extrême de la défense de ses vertus...

C'est finalement par ses carcans idéologique, politique, constitutionnel et, peut-être surtout, psychologique, que le palier fédéral du Gouvernement canadien voudra faire sauter comme des moutons, et les dix Provinces, et les deux nations, et tous les problèmes concrets du peuple canadien, à la conférence de Victoria. La façon même de poser les problèmes, comme l'a voulu Ottawa, à cette conférence, est un gage de sa faillite, d'une manière comme de l'autre.

Finalement, ce qui est déplorable dans tout ceci, c'est de voir comment ce vaste territoire canadien pourrait s'accommoder d'arrangements nouveaux, de méthodes novatrices, d'expériences enrichissantes, pour le mieux-être de deux nations et de vingt millions de citoyens. Puis de constater vers quelles faillites collectives peuvent nous entraîner intransigeance, raideur et vues de l'esprit.

Victoria, bilan provisoire

Le 18 juin 1971

En décembre 1968, le Premier ministre de l'Ontario, monsieur John Robarts, déclarait que les discussions constitutionnelles resteraient vaines et abstraites, aussi longtemps que le Gouvernement fédéral continuerait de se comporter, en matière fiscale, comme s'il était un Gouvernement supérieur aux Gouvernements provinciaux. A quelques heures seulement de la fin de la session terminale de la conférence de Victoria, alors que les réactions des Premiers ministres du pays n'ont pas encore été fournies, il est difficile d'établir un bilan complet de cette conférence, et le contenu du communiqué final lui-même nous montre qu'il faudra attendre, et le « budget » de M. Benson, et les prises de position des onze parlements canadiens. Pourtant, à la lumière de la déclaration de M. Robarts que nous venons de citer, il est clair que la Conférence de Victoria a fini comme elle devait finir, en queue de poisson sur l'essentiel, même si certains résultats ne sont pas dépourvus d'intérêt.

Sur l'essentiel, la Conférence ne marque pas, peut-on dire aujourd'hui sans crainte de se tromper, une unanimité des Gouvernements, bien au contraire. Cette conférence ne fait que prouver les positions essentiellement différentes de plusieurs Gouvernements, notamment de ceux du Québec et d'Ottawa. Dans le même ordre d'idée, la Conférence de Victoria confirme les lignes de force des oppositions et des litiges qui divisent le Canada, et confirme en même temps comment les optiques ainsi que les besoins sont différents selon les capitales où l'on se trouve.

Ainsi, le palier fédéral du Gouvernement confirme sa détermination à ne pas céder sur l'essentiel, notamment au chapitre de ses prérogatives d'argentier et de son désir d'occuper pratiquement seul le domaine des relations avec l'étranger. On pourra critiquer l'attitude de M. Elliott-Trudeau. Celui-ci ne fait que défendre ce qu'il a toujours défendu et les miettes qu'il consent par exemple au Québec au chapitre des Affaires sociales n'entament guère son pouvoir propre de dépenser.

Par ailleurs, le Gouvernement du Québec (cela est clair, en tout cas, dans les déclarations parvenues jusqu'ici) n'obtient pas ce qu'il faut pour pouvoir mettre de l'avant le vaste programme conçu par le ministre Castonguay pour unifier en un tout cohérent les morceaux de politique sociale québécoise. La proposition du Québec à l'article 94-A est pratiquement rejetée, puisque Québec réclamait « l'exclusivité » dans des domaines sociaux et que la Conférence ne parle que de « primauté ». Quand on sait comment le palier fédéral sait jouer sur les mots pour jouer les paliers provinciaux, on comprend ce qui va suivre.

Autre sujet de désaccord: il semble qu'il ait été impossible de s'entendre au sujet d'un amendement constitutionnel réglant le problème du prolongement international des compétences exclusives des Provinces. Sur ce point-là, les données sont suffisamment claires pour qu'on puisse se demander comment l'actuel Gouvernement québécois pourrait accepter un tel refus, sans trahir le travail pénible des gouvernements antérieurs québécois de MM. Bertrand, Johnson et Lesage.

Prix de consolation pour le Québec, et M. Bourassa ne s'est pas caché pour se féliciter publiquement de ce point: on n'inclurait pas, dans les changements à la constitution, le droit des parents de choisir la langue d'enseignement de leurs enfants, dans les régions où les minorités sont assez importantes pour justifier un tel choix. M. Bourassa a déclaré que l'inclusion de cette clause aurait des effets néfastes sur les efforts du Gouvernement québécois pour protéger la langue française au Québec.

Cet aperçu sommaire des maigres résultats de la conférence n'est pas encourageant pour les rêveurs. Il ne fait toutefois que montrer que le Québec n'est pas au bout de ses peines, s'il veut obtenir des changements réels au pacte confédératif canadien, en vue de se doter d'un statut spécial que commande sa nature spéciale, au sein du Canada. Le fédéralisme rentable était une belle formule; tout comme celle du fédéralisme coopératif. N'empêche que les formules c'est beau, mais qu'elles ne sont pas suffisantes à elles seules pour résoudre des problèmes de fond.

Vu les rapports de force en présence, la Conférence de Victoria en est une autre preuve. M. Bourassa va devoir se rendre compte que les pieuses intentions et les politiques de tapes amicales dans le dos, c'est une chose. Et que la réalité québécoise en est une autre.

Comme il faut maintenant que les onze Gouvernements acceptent en bloc ou refusent en bloc ce qui a été proposé à Victoria, on se demande comment le Québec pourrait accepter en bloc pareil ensemble de données hétéroclites, dont quelques-unes seraient un pas en arrière marqué. Et on voit d'ici l'odieux qui pourrait retomber sur Québec s'il allait, seul, refuser cet ensemble. Québec passerait encore pour l'empêcheur de tourner en rond. Quelle autre initiative reste-t-il pourtant à M. Bourassa?

Les bottes de sept lieues

Le 25 juin 1971

Le Premier ministre Bourassa vient de faire un cadeau au Québec pour la fête nationale du 24 juin: il vient de lui apprendre qu'il était un Québécois. En préférant les objectifs de M. Castonguay à la dialectique de M. Trudeau, le Premier ministre du Québec vient de chausser pour de bon les bottes qui ont toujours été celles d'un vrai Premier ministre de la seule Province française du Canada. M. Duplessis les avait portées, par exemple, avec sa double imposition. M. Lesage les avait usées pas mal, avec sa politique québécoise à l'étranger et sa politique de récupération fiscale. Feu M. Johnson les avait reprises avec tant d'ardeur qu'il ne tint pas le coup longtemps. Et même si M. Bertrand les avait mises lui aussi, sans guère avancer, au moins il n'avait pas reculé. Après des mois de valses hésitation, M. Bourassa vient de se rendre compte qu'il n'a pas le choix, et les chausse à son tour. Ces bottes, ce sont celles de « **l'autonomie provinciale** ».

Cela lui aura pris du temps pour apprendre à dire non, M. Bourassa, mais le moins qu'on puisse dire, c'est qu'il a choisi une bonne semaine pour ce faire: celle de notre fête nationale. Avouons quand même, ce qui ne diminue pas son mérite, qu'il a été aidé. Par l'ultimatum du Gouvernement fédéral d'abord, qui le forçait à prendre position avant le 28 juin. Par une conjugaison tant soudaine que spontanée et imposante, d'opinions diverses, émanant non seulement de « nationalistes réactionnaires », mais du monde ouvrier, du monde enseignant, du monde universitaire, du monde journalistique, et même du milieu anglo-québécois. Ceci montre l'importance qu'il y a d'avoir une opinion éveillée et prête à l'action, dans une vraie démocratie.

On ne saura jamais si le Premier ministre Bourassa a pris la décision pour éviter la déconfiture qu'il se serait préparée s'il avait jamais dit oui au filet un peu gros de Victoria. Mais maintenant que la décision de refuser la charte de Victoria est prise, dans quelle position s'est placé le Québec face au reste du Canada? Dans une position cent fois supérieure à celle qui lui eût été faite autrement, pour négocier du concret avec Ottawa.

D'abord, de quoi a le plus besoin le Québec, sinon davantage de revenus fiscaux? Ce n'est pas un bout de papier sorti de la poussière victorienne qui lui en eût fournis. Ce ne sont pas par ailleurs quelques garanties vagues de droits linguistiques à des minorités moribondes qui eussent aidé grandement le fait français au pays, quand on sait par exemple ce qui vient de se produire au cours du récent recensement fédéral dans les Provinces anglaises. Et cette charte ne prévoyait rien de tangible pour aider à la survie du français au Québec même.

Dorénavant, et enfin, on sort des brumeuses palabres constitutionnelles et chacun devrait savoir qui est qui. Les neuf Provinces anglaises ont fait corps avec le palier fédéral pour encercler le Québec: voilà la nation canadienne-anglaise. En face, le Québec, qui incarne largement la deuxième nation, la française. M. Bourassa, par son non, sort de la politique des équivoques, il émerge comme le chef de la Province qui représente, avant tout autre Gouvernement, la nation française.

Si le Canada anglais veut maintenant que cette nation, entendre le Québec, reste dans la Confédération, il devra dialoguer avec Québec, par le truchement du Gouvernement d'Ottawa. A partir du non de M. Bourassa, le dialogue pour une nouvelle fédération de deux nations au sein du même Canada peut s'ouvrir. Si M. Bourassa sait rester clair et ferme. Et si le Canada anglais le veut. Par son « non! » retentissant, M. Bourassa vient de faire de lui le Premier ministre du Québec. Il vient en même temps de placer le Canada anglais devant un ultimatum à son tour. Ou Ottawa accepte maintenant de dialoguer avec le Québec en le reconnaissant en pratique comme l'Etat français au sein du Canada, ou Ottawa refuse, et alors le Gouvernement de M. Bourassa cherra, et la confédération avec, de par le manque de bonne foi du Canada anglais.

A vous la parole, messieurs les Anglais!!!

Il y a ceux de qualité . . .

Le 1er octobre 1971

Et voilà à nouveau les Gouvernements d'Ottawa et de Québec qui trébuchent dans leurs drapeaux!

Alors que dans moins de quinze jours se tiendra au Canada la rencontre de l'Agence culturelle et technique des pays de langue française, le statut du Québec à cette réunion n'est pas encore déterminé. Le ministre des Affaires culturelles du Québec, M. Cloutier, déclare qu'il n'est pas question de « bricoles » dans ses discussions avec le ministre Sharp des Affaires étrangères, quant au statut qu'aura la délégation du Québec à cette réunion. Et M. Cloutier d'ajouter que la Province n'a que deux objectifs fondamentaux: a) le Québec doit participer au programme et aux rencontres de l'Agence; b) sa participation doit être reconnue.

Encore qu'on puisse trouver étrange qu'un ministre des Affaires culturelles associe drapeaux à bricoles, il faut convenir que ses exigences sont minimales, compte tenu du fait que notre constitution centenaire (et plus) reconnaît l'exclusivité de l'autorité aux Etats provinciaux canadiens dans les domaines de la culture et de l'éducation.

Pendant ce temps, à Ottawa, M. Trudeau s'emporte. « On en est rendu à se demander si le Québec doit avoir des ambassadeurs, s'il doit être indépendant et si les taxis auront des fanions. Tout ça quand il y a du chômage! » Si les mouvements d'humeur peuvent porter à dépasser sa pensée ou à faire dire des sottises, on admettra que ce mouvement du Premier ministre fédéral l'a conduit pas mal loin. On pourrait disserter longtemps sur tout ce que cette phrase comporte d'émotivité, de colère et de sophismes. On se contentera de juxtaposer ces propos à l'élégante, mais ferme, adroite et digne tenue du ministre des Affaires étrangères de France, M. Schumann, lors de son passage ici il y a à peine quelques jours, pour comprendre ce qui doit être compris, c'est-à-dire que, décidément, le Canada est un pays bien jeune . . .

Le Premier ministre fédéral s'impatiente parce que le Québec exige une participation « reconnue » au sein de l'Agence de la francophonie. Il trépigne lorsque Québec parle de drapeaux. Mais il est bon de faire remarquer ici que la rencontre de l'Agence de la francophonie devait se tenir tout d'abord à Montréal. Le choix semblait naturel: métropole du Canada, première ville à majorité française d'importance au Canada. Eh! non. C'est le Gouvernement de M. Trudeau qui, « malgré le chômage » et les problèmes de taxis à fanions, a exigé qu'une journée inaugurale se tienne à Ottawa. Il est évident que Québec devait alors, décemment, exiger qu'on continue la rencontre dans la Vieille Capitale. La délégation se promènera donc en quelques jours, de Montréal à Ottawa, puis d'Ottawa à Montréal, puis de Montréal à Québec, et enfin de Québec à Montréal. NOUS CONTINUONS DE FAIRE RIRE DE NOUS PARCE QUE NOUS SOMMES RIDICULES. On peut imaginer d'ici les réflexions que se feront les ministres et ambassadeurs de la Francophonie dans leur avion de retour, vers Paris et ailleurs, après leurs balades épiques tant que culturelles, d'une ville à l'autre, au Canada. Ils auront au moins eu le temps d'ouvrir leur dossier dans l'avion, dans les airs, où on doit peut-être finalement chercher la maturité de nos gouvernants.

C'est peut-être tant mieux. Nous montrerons encore davantage au monde notre vrai visage. Au fond, les sociétés sont à la ressemblance de leurs Gouvernements, comme c'est le cas également pour les hommes: il y a ceux de qualité, et les autres . . .

Traqué, complexé ou attaché?

Le 8 octobre 1971

Une fois de plus, le passage d'un membre important du Gouvernement de France au Canada nous permet des observations révélatrices sur la réalité canadienne.

On sait l'extrême habileté avec laquelle le ministre des Affaires étrangères françaises, M. Maurice Schumann, a visité successivement la capitale canadienne et la capitale québécoise. Un représentant de Paris ne peut se rendre à Québec sans passer par Ottawa? Fort bien! M. Schumann de visiter, donc, la capitale du Canada puis de prononcer son allocution aux Nations Unies. Et avant de regagner la France, le ministre français de revenir aussitôt au Canada, cette fois directement à Québec. Qui, à Ottawa, peut alors protester?

Autre habileté diplomatique digne du Quai d'Orsay. Lors de son séjour à Ottawa, M. Schumann de déclarer en substance que les liens entre la France et le Canada ne peuvent qu'être désormais cordiaux, depuis qu'en 1969 Ottawa a adopté la loi reconnaissant officiellement le statut bilingue et biculturel du pays. Elégante façon de faire taire toute personnalité politique canadienne qui voudrait, encore, regimber contre la détermination de la France à aider à la survie du fait français en Amérique . . .

Les propos tenus ensuite à Québec par le ministre français, montrant la détermination de Paris à élargir ses rapports économiques avec le Québec, puis l'annonce de la mise en orbite bientôt du satellite Symphonie, qui servira à relier en français la France et le Québec, ces propos sont fort intéressants, pour ne citer que ceux-là.

Le chef de l'Union nationale aura beau pester contre « l'irréalisme » de ces relations franco-québécoises, on se demande ce que M. Loubier trouvera « d'irréaliste et de sentimental » lorsqu'il pourra communiquer par satellite français de Québec à Paris. Mais on peut comprendre cependant un peu ses doutes quand on voit l'attitude du Premier ministre Bourassa en face de ces relations France-Québec. On les comprend davantage quand on entend dire que Paris n'attend que des « ouvertures » du Gouvernement québécois pour aller plus avant, dans tous les domaines. La formule bourassiste a beau se vouloir en même temps efficace et feutrée, encore faut-il qu'elle débouche sur des prises de position publiques claires, et sur des propositions larges, si on veut que Paris puisse aller plus loin. Quoi? MM. Bourassa et Loubier voudraient-ils que les armées françaises viennent faire le siège de Québec, pour qu'alors, débarrassés de la crainte des Outaouais, ils reçoivent tout cuits les cadeaux de Paris?

Il est enfin intéressant de noter les réactions du Canada anglais au passage du ministre Schumann, à deux reprises, en sol canadien. A l'issue de sa visite à Ottawa, les organes de presse anglophones du Canada ont crié victoire, en disant que c'en était fait de l'époque de collaboration étroite Québec-Paris, époque ouverte on sait par qui. Mais M. Schumann revient à Québec. Que dit en général la presse anglophone? A part quelques observations désabusées, plus rien.

Le passage d'un dignataire français parmi nous finit par déclencher au Canada toujours les mêmes mécanismes. Du côté anglais, quand le dignitaire de Paris est à Ottawa, on applaudit; quand il est à Québec, on se tait ou l'on peste. Drôle d'amitié, quand même. Du côté francophone, du moment qu'un dignitaire français vient à Québec le Gouvernement québécois se fait tout petit, émet des vœux pieux, le doigt à la bouche, comme l'enfant pris en flagrant délit dans le pot de confiture, par ses parents. Tout cela finit quand même par être fort révélateur, à la longue.

Pierre Vallières en cogitation

Le 22 décembre 1971

Un grand nombre de personnes s'étonnent de voir le virage que vient de prendre Pierre Vallières, lui qui, prêtre avoué de l'action directe, n'avait que faire des modes électoraux pour travailler à son idéal: l'instauration d'un pays socialiste indépendant sur le territoire du Québec. Que la collectivité canadienne-française prenne de plus en plus en main le sort qui est le sien, personne de sensé et d'honnête ne peut douter de cette nécessité encore que, sur les modalités, les lignes de force et les limites, l'éventail d'opinions soit fort disparate, au point d'aller souvent jusqu'aux contradictions les plus classiques. Et parce que Pierre Vallières n'a de cesse de vouloir se dépenser pour le bien commun, il faut savoir admirer à ce propos son courage, même si nos divergences de vues peuvent être considérables, à maints égards.

Mais si le courage est une qualité qu'il faut reconnaître à Pierre Vallières, on peut beaucoup plus aisément mettre en doute la justesse de ses diagnostics.

Pendant des années, l'auteur de « Nègres blancs d'Amérique » a dédaigné le seul parti politique qui se rapprochât sensiblement, sur le but « national », de ses propres vues, parce que ce parti n'était pas et n'est pas révolutionnaire. Il aura fallu un cheminement d'une dizaine d'années à cet homme, révolté par le sort de dépendance d'une partie de sa collectivité, pour se rendre compte que, la société canadienne-française étant encadrée comme l'on sait, il serait suicidaire pour elle de vouloir tout faire sauter: alternative bien simple pourtant: ou tout saute en l'air et il n'y a plus de collectivité du tout; ou une partie saute et l'histoire se charge d'enterrer vivante et à jamais toute velléité d'autodétermination de ce qui en reste! Il aura fallu à Vallières dix ans pour penser à cela. C'est un peu long.

Pierre Vallières découvre maintenant un parti politique et semble proposer ce parti comme moyen pour parvenir à la fin qu'il propose: l'instauration d'un pays socialiste au Québec. Sachant très bien qu'il va maintenant se faire conspuer par d'anciens groupes d'amis et de partisans, il découvre que « la gauche au Québec elle aussi est colonisée » et ajoute que « seule une pratique politique collective nous sortira du trou ».

Que voilà d'intéressantes découvertes!

Sans avoir besoin de méditer Marx et Lénine d'un côté; Abraham Lincoln ou de Gaulle de l'autre; ou Servan-Schreiber et Réal Caouette enfin; il est assez clair qu'une collectivité victime de l'histoire comme la nôtre doit et peut songer à reprendre davantage en main le cours de sa destinée d'une part; d'autre part vu notre pauvreté relative, qu'il faudrait avoir des moyens d'Etat assez puissants pour nous aider à avancer.

Henri Bourassa le savait. Lionel Groulx le savait. Gérard Filion, Michel Chartrand et Michel Brunet le savent, chacun à sa façon.

Mais s'il faut encore dix ans à Pierre Vallières et à ses amis pour savoir qu'installé sur le continent capitaliste par excellence le tout petit peuple québécois court à sa perte si sa politique ne tient pas compte des REALITES (intérieures et extérieures), ce petit peuple ne vaudra plus cher en 1980, peut-être moins que la Louisiane.

Il est bien sûr que de pratiquer la politique de ses moyens est plus pénible que de rêver. C'est là que l'école peut être utile.

Bilan d'une année (1971)

Le 30 décembre 1971

L'année qui s'achève aura été, en gros, une année marquée d'hésitations, de réflexions et de recherches, beaucoup plus que d'action, pour notre collectivité. Seule une action sociale dont l'envergure est difficile à déterminer encore restera peut-être digne de mention au calendrier québécois de 1971, **un front commun syndical.**

En effet, si l'on regarde d'abord ce qui s'est passé au Canada en général, on s'aperçoit que c'est le malaise économique américain qui, s'exprimant notamment par la surtaxe de dix pour cent, aura contribué à ralentir notre développement, à augmenter notre chômage et à prouver à qui l'ignore encore que le Gouvernement d'Ottawa peut vraiment peu de chose, en face du géant américain, au plan économique. Sur le plan politique, la dépendance est moins crue, les initiatives du Gouvernement Trudeau, notamment à l'endroit des pays communistes, nous l'auront montré.

Ce Gouvernement fédéral libéral, toutefois, c'est vis-à-vis le Gouvernement québécois qu'il aura manifesté le plus de fermeté au cours de 1971, tandis que la popularité du Parti libéral, au niveau des provinces anglaises, aura nettement connu un recul: les élections de Saskatchewan de juin, par exemple, où le NPD a battu le Parti libéral.

Le Gouvernement Trudeau, durant toute l'année, a tenu en échec, assez facilement, le Gouvernement Bourassa, dans tous les domaines. Fiscalité, où les Provinces en général, le Québec en particulier, ont peu gagné. Pouvoirs fédéraux consolidés dans le champ social alors que la septième conférence fédérale-provinciale, tenue à Victoria, a montré que le Gouvernement Bourassa n'avait été capable que d'une chose, encore qu'in extremis, ne pas reculer.

Dans ces relations entre le Gouvernement du Québec et le Gouvernement du Canada, au niveau des communications, une lutte s'est engagée, bien que timidement encore, entre Ottawa et Québec, au sujet du câble, et c'est en 1972 que l'affrontement réel devrait avoir lieu.

Si on fait un bilan sommaire de l'activité politico-sociale québécoise pour l'année qui prend fin, on ne peut noter qu'une impression de faiblesse de l'administration libérale bourassiste. Ceci joint à l'incertitude dans laquelle s'est placée l'Union nationale, la houle du parti péquiste et l'immobilisme créditiste, on peut considérer qu'en bloc la vie politique canadienne-française québécoise a été peu déterminante au cours des douze derniers mois.

Le Québec, en somme, s'est mal remis des événements d'octobre de l'année antérieure et c'est un sentiment de malaise qui a prévalu dans maints domaines de l'activité de notre collectivité. Une seule exception notable à la règle: le conflit de La Presse a été comme un catalyseur à l'action syndicale et le Québec connaît maintenant un front syndical commun: FTQ-CSN-CEQ. C'est peut-être là le seul élément déterminant à noter pour 1971 au Québec, encore qu'il soit trop tôt pour en évaluer la valeur et la portée.

A la fin de ce résumé, à l'orée d'une nouvelle année, il reste à formuler un vœu: que les éléments valables de notre collectivité puissent trouver en 1972 des moyens de cohésion sûrs, afin que le Québec passe le cap des années soixante-dix avec bonheur, sa survivance ne pouvant être assurée que par un effort commun et concerté sur des idéaux qui en valent la peine.

Troisième partie

« La démocratie, au service de quoi? »*

« A Paris, capitale des peuples ».

Hugo, Année terrible

La démocratie, mot magique, qui recouvre à la fois tant de chimères, tant d'aspirations, tant de mensonges, tant de défaites et aussi tant de réussites! Au Québec, ce mot magique a servi d'étoile polaire à tant d'idéalistes et de rêveurs qu'on hésite souvent à le ranger dans son vocabulaire. On hésite moins lorsqu'on voit combien de fois ce mot a servi et sert encore souvent de paravent et de prétexte aux envahisseurs, aux racistes, aux escrocs politiques et aux faux frères.

Qui donc est démocrate? Celui qui, comme Rockefeller, distribue ses miettes par millions, aux déshérités de la société où il vit?

Qui donc est démocrate? Celui qui, comme Napoléon, érigeait en lois le premier code appliqué qui, dans le concret, reconnut le droit au plus humble paysan de refuser à l'Empereur celui de fouler ses cinquante mètres de sol, alors que le même Napoléon faisait s'entre-tuer des milliers d'hommes?

Qui donc est démocrate? Celui qui, comme Nixon, élargit la guerre pour faire prévaloir la pax americana?

Qui donc est démocrate? Celui qui se fait élire par des machines, obscures autant qu'efficaces, ou celui qui organise une junte militaire pour, l'un et l'autre servir, qui des intérêts, qui des idéaux, au détriment d'autres intérêts et d'autres idéaux?

Est-il démocrate, celui qui distille tous les jours à un public son interprétation des faits, selon ses humeurs, et sans un travail constant d'études et de recherches? Ou, est-il plus démocrate, celui qui sert, **en s'en défendant**, d'auguste porte-voix à la solde de tel petit ou énorme conglomérat?

Est-il démocrate, le régime qui force tout le monde à aller voter pour un choix de candidats représentant des intérêts ou des idéologies semblables, quand ce n'est pas pour divers candidats d'un parti unique et totalitaire?

Est-il plus démocrate, le régime qui n'accorde à personne le droit de regard réel sur son administration, ou le régime qui donne le même pouvoir, le même droit de vote, au plus parfait illettré, au savant, à l'homme cultivé et à l'escroc?

Enfin, somme toute, la démocratie vue comme le régime au service de tous, doit-elle nécessairement passer par la « via politica »?

Partout, dans la Rome antique, l'inscription « Senatus Populusque Romanum », S.P.Q.R., rappelait à chacun le sens de la démocratie. Pourtant, dans les enceintes illustres de « l'urbs » de César, des lions étaient nourris d'êtres humains . . .

Pourtant, dans la plus puissante démocratie contemporaine, le tiers de la population vit en marge de l'aisance et de la dignité.

Mais où est donc la démocratie? Qui donc est démocrate? Croit-on même encore vraiment quelque part à ce mot et à sa signification?

Sous les constellations, des générations d'êtres pensants passent, au rythme lent mais implacable du sablier. Babylone s'effondre. Athènes, Rome suivent. Versailles est un musée, les Invalides aussi. Et nous voici entre le Kremlin et le Pentagone. Pourtant, l'être pensant survit, assure sa succession sur sa planète et pousse des pointes vers des corps célestes.

De tout cela, que reste-t-il, que se transmet-il? Qu'a transmis Ramsès à Hitler et César à Nixon? De ruines dorées en ruines dorées, l'homme se relève, se perpétue et recommence. Et lorsqu'il fait un pas en avant, c'est une foi, c'est la foi qui le lui fait réellement faire. La foi. La foi en Soi, la foi en un Idéal, la foi dans les Autres.

Les chars et les centurions de César ont eu raison de Vercingétorix. Pourtant, aujourd'hui, que reste-t-il de bon, pour nous, de la défaite de l'un, de la victoire de l'autre? De Gaulle, de sa fenêtre, regardant la plaine gauloise, y puisait peut-être bien davantage de ressources que Saragat, de la vue de ses sept collines de Rome ...

Serait-ce donc que, sous ses cieux toujours mystérieux, l'Homme ait appris quelque chose? Ce parcours cursif de notre histoire humaine, c'est à dessein que je le fais aujourd'hui avec vous. De ce panorama millénaire, un mot revient, pour recouvrir sous des formes et des aspirations différentes, toujours une même chose. L'espoir, l'espoir qui vit dans une foi, comme le poisson dans une eau.

En dehors des modalités, des technicités, des modes et des richesses; au-delà des symboles, des intérêts et des appétits; au-dessus des luttes, des rivalités, de l'orgueilleuse et trompeuse maîtrise de la matière, l'homme a survécu, s'est raffiné ou s'est abruti, mais ce qui reste des « viae romanae » et des lustres du Roi-soleil, sont-ce les vieilles pierres usées par les chariots de la Via Appia et les étangs de Versailles, ou ne sont-ce pas davantage les « Quo usque tandem » des Cicéron et les musiques des Vivaldi?

Perdus dans des immensités glacées et entourés d'immensités de béton qui s'élèvent avec orgueil à cinquante ou même cent étages à la ronde, cinq ou six millions d'humains, isolés, ramassés, semblent en quête d'un destin. Une communauté isolée par la nature et par ses valeurs, valeurs qui la rapprochent de certains ailleurs et l'éloignent parfois de son entourage. Mais que faisons-nous donc, ici, ensemble, à subir l'un des plus durs climats du monde et à nous demander si demain notre entité sera encore là?

Mais pourquoi serait-elle là demain, cette entité? Pourquoi mettrait-elle en œuvre tous les mécanismes dont elle peut disposer, si elle le veut, pour assurer sa survie? Mais pourquoi ce vouloir-survivre, si ce n'est que pour survivre et pour contrarier voisins, nature et histoire?

Nous voulons quoi, au juste? Etre riches? On pourrait l'être davantage sous le « stars and stripes ». Etre indépendants? Pourquoi s'ériger une tour, si c'est demain pour y périr d'asphyxie ou d'ennui? Etre différents des autres? Cela sert à quoi, être différents? Par esprit de contradiction? Et puis, après?...

Des partis politiques parfaits! Un système électoral parfait! Une information parfaite! Disparue, la violence! Une démocratie québécoise toute rutilante! Bien. Très bien. Mais pourquoi? Par orgueil? Par intérêts en dollars? Pour perpétuer la survivance?

Cela peut être et vaut d'être, à condition que la **FOI** y soit, la foi dans les valeurs civilisatrices, la foi accrochée à une étoile, une étoile qui, avec d'autres, combatte l'obscurité qui tient l'homme trop souvent et en trop de lieux courbé, humilié, inutile, et sentant peut-être déjà autour de lui, par une espèce d'intuition qu'il ne peut faire taire, la déchéance entamée de certaines évolutions.

Nous sommes entrés, je le sais bien, de plain-pied dans l'ère cybernétique. Des machines, à côté ou à mille lieues d'ici, nous cataloguent, nous étiquettent, nous soupèsent, nous possèdent. Nous sommes entrés dans l'ère cybernétique. Des engins, de nos mains fabriqués, régissent de plus en plus nos goûts, nos comportements, rétrécissant de jour en jour la marge déjà peu large de notre libre arbitre. Nous achetons, nous consommons; nous consommons, nous achetons. Nous sommes entrés dans l'ère cybernétique. Notre air est déprécié. Notre eau, souillée. Notre sol, « chimifié » et dévalorisé. Nous avançons dans l'être cybernétique. Nous allons plus loin, plus vite, plus souvent, c'est le fruit de la cybernétique. Mais savons-nous vraiment mieux où nous allons et pourquoi nous y allons? Il faudrait bien s'arrêter un peu et se demander si les calculatrices électroniques, nous voulons qu'elles soient mises à notre service, au service de l'homme, du New-Yorkais ahuri de plus en plus, du Montréalais pollué de mieux en mieux, du Moscovite conditionné; si nous voulons que l'homme progresse joyeusement à aliéner son âme pour servir l'engin. En résumé, il va falloir un moment s'arrêter et se décider en faveur de telle ou telle évolution qu'on veut suivre. Veut-on de l'aliénation par la machine, par le gain, par les systèmes, par les idéologies, en un mot, veut-on l'asservissement quel qu'il soit, ou si nous voulons, en prenant les machines et les idées à notre service, **en se plaçant résolument aux commandes, et en sachant pourquoi,** assumer notre sort et nous mettre tous ensemble au service de valeurs civilisatrices.

Compte tenu de tout ceci, si nous, les cinq ou six millions d'isolés, sommes prêts à nous lancer enfin à l'assaut de nos obscurantismes, de nos médiocrités et de notre « à-peu-prèisme », pour nous dépasser nous-mêmes afin d'enrichir le monde de nos expériences, et de nos études, et de nos réflexions, alors, et alors seulement, il vaut la peine de construire ce bâtiment capable de nous faire avancer ensemble, en suivant un destin; et ce vaisseau qu'il vaudra alors la peine de bâtir, on pourrait et on devrait le modeler sur cet IDEAL qui s'appelle démocratie. **Mais on se trompe grandement si on pense que c'est la démocratie qui va nous faire accéder à la maturité.** Celle-là, c'est la fille de celle-ci, c'est toute l'histoire humaine qui nous le montre. N'attendons pas qu'elle, la maturité, nous arrive toute seule, demain, pour nous sortir miraculeusement de notre état précaire. Nous attendrions en vain.

Au fait, nous avons assez attendu. Il est temps d'agir et nous ne voulons pas que l'impasse dans laquelle nous avançons malgré nous, chaque jour, devienne un labyrinthe d'où aucune voie de sortie ne puisse arriver à nos yeux, déjà habitués un peu trop aux pénombres. Mais s'il est plus que jamais impérieux d'agir, il est non moins impérieux que, pour conjuguer nos actions personnelles et collectives, nous abandonnions la voie des chimères. Nous en avons assez cultivé, de chimères. Il nous serait fatal aujourd'hui de croire en celle, qui serait d'ailleurs notre dernière, et qui voudrait nous faire admettre que notre salut comme entité peut venir d'un seul système, quel qu'il soit, si l'instauration de ce système est notre but ultime.

Aucun peuple ne s'est imposé longtemps et ne s'est survécu par un système, si parfait ait-il été. Des empires aux systèmes des plus perfectionnés se sont écroulés au même rythme que leurs idéaux et que leurs valeurs morales s'effritaient.

Pour nous, la démocratie peut et doit, sans aucun doute, être le moyen qui nous permette, si elle est authentique, d'assurer notre épanouissement. Mais cette démocratie ne sera efficace que si elle est mise au service d'une foi dans des valeurs élevées, et tende à une maturité à toute épreuve. **Une démocratie sans la maturité, ce n'est qu'un leurre, et une maturité sans idéaux élevés ne se conçoit pas.**

En un mot, le facteur décisif, c'est toujours l'homme.

---

* Discours de Monsieur Jean Lévesque, alors Directeur du Service des Affaires publiques de CKAC (Montréal), à la clôture du congrès de la Société Nationale des Québécois, à Drummondville, le 2 mai 1971.

Ephémérides de 1971

5 janvier Les felquistes Bernard Lortie, Jacques et Paul Rose, et Francis Simard, sont accusés de l'enlèvement et de l'assassinat du ministre Pierre Laporte.

A la télévision, le Premier ministre Bourassa reconnaît que les investissements sont à la baisse au Québec et déclare que la promesse des 100,000 emplois n'était qu'un objectif.

8 janvier Michel Chartrand est condamné à un an de prison pour « outrage au tribunal ».

13 janvier Arrivée du Premier ministre Elliott-Trudeau à la conférence du Commonwealth, à Singapour. Cette rencontre se soldera par une victoire de Londres, qui continuera de vendre des armes à l'Afrique du Sud.

15 janvier Le degré de pollution des eaux du Saint-Laurent et des lacs Erié et Ontario a atteint un point dangereux, déclare une commission internationale de contrôle.

Le chômage canadien touche un niveau inégalé depuis 1960, veulent les statistiques canadiennes; un Québécois sur douze est sans emploi.

Le chef péquiste René Lévesque accuse les Premiers ministres Bourassa et Trudeau d'avoir utilisé la crise d'octobre pour pervertir le climat social et politique du Québec.

Après la population de Cabano, celle de Maniwaki prend en main ses problèmes et veut forcer la main au Gouvernement pour que l'usine locale (Sogefor) ne ferme pas. Manifestations et harcèlements.

27 janvier Première entente conclue entre la Russie et le Canada dans les domaines industriel et technologique.

2 février Quatre journaux du Québec ratifient la constitution d'un conseil de presse.

3 février Le problème de la classification des enseignants au

Québec. Les instituteurs de l'Alliance des professeurs de Montréal entrent en grève et en conflit avec le Gouvernement.

16 février Michel Chartrand et Robert Lemieux sont libérés après avoir été accusés et détenus pendant quatre mois pour appartenance au FLQ. Refus de cautionnement à Charles Gagnon et Pierre Vallières. Paul Rose rejette les services de son avocat, Me Robert Lemieux.

20 février Raymond Laliberté est élu chef du NPD-Québec; ce parti abandonne le champ d'action provincial pour concentrer ses efforts au fédéral.

23 février Congrès du Parti québécois à Québec. René Lévesque est réélu chef du parti, Pierre Bourgault entre à l'exécutif; René Lévesque infléchit la tendance et le parti rejette l'unilinguisme français pour le Québec.

26 février Livre blanc du CRTC pour intégrer la télévision par câble à la télévision conventionnelle et l'assujettir aux règlements fédéraux.

3 mars Découverte du corps, percé de balles, de la fille du leader syndical Michel Chartrand, dans une maison des Laurentides.

4 mars Mariage du Premier ministre Elliott-Trudeau avec une jeune fille de 22 ans, Margaret Sinclair, de Colombie britannique.

13 mars Paul Rose condamné à la prison à perpétuité pour le meurtre de Pierre Laporte.

L'ombudsman du Québec critique sévèrement la conduite de la police durant la crise d'octobre. Le ministre de la Justice, M. Choquette, annonce que son gouvernement indemnisera les innocentes victimes de la Loi des mesures de guerre.

29 mars La Chine accepte les lettres de créances du premier ambassadeur du Canada à Pékin, M. Ralph Collins.

Début d'avril L'administration Drapeau demande l'arrêt des travaux de l'autoroute est-ouest à Montréal. Vif mécontentement populaire mais le Gouvernement Bourassa n'en tient pas compte et les travaux continuent.

8 avril   Le ministre Jean-Paul L'Allier déclare que le contrôle de la télévision par câble revient aux Provinces; le secrétaire d'Etat fédéral, Gérard Pelletier, affirme que cette régie est du domaine fédéral.

14 avril   La Commission canadienne du transport réitère son intention de maintenir un service intercontinental de trains pour voyageurs au Canada.

19 avril   Le Premier ministre Bourassa du Québec est reçu à Paris par le Président de la France, M. Pompidou; M. Bourassa visite plusieurs capitales européennes, étudie le rôle des Maisons du Québec et invite les investisseurs à venir dans la « Belle Province ».

A son retour d'Europe, M. Bourassa, commémorant l'élection de son équipe à la direction du Québec, annonce le développement de la région de la baie de James, avec des capitaux étrangers en majeure partie.

24 avril   M. David Lewis est élu à la tête du Nouveau parti démocratique du Canada.

29 avril   Démission de M. Eric Kierans du cabinet Trudeau, en guise de protestation contre la politique économique canadienne.

Le Gouvernement Trudeau met fin à l'application des mesures de guerre, passant outre en cela aux demandes du Premier ministre Bourassa.

4 mai   Un rapport déposé aux Communes du Canada établit 37 districts bilingues au pays, où les services fédéraux seront offerts tant en français qu'en anglais.

13 mai   Le taux de chômage atteint son sommet le plus élevé depuis 1958 alors qu'il touche 6.7 pour cent de la main-d'œuvre active.

14 mai   Le ministre des Communications du Québec, M. L'Allier, dépose des projets de loi à l'Assemblée nationale pour donner juridiction au Québec sur la télévision par câble.

15 mai Le ministre du Travail, M. Cournoyer, affirme que le Québec doit récupérer toute sa juridiction en matière de main-d'œuvre et ne reconnaître au fédéral qu'un rôle de coordonnateur dans ce domaine.

20 mai Un étudiant de 23 ans, Francis Simard, est condamné à la prison à perpétuité après avoir été trouvé coupable du meurtre du ministre Pierre Laporte.

21 mai L'ex-ministre fédéral des Transports, M. Paul Hellyer, démissionne du cabinet Trudeau; il annoncera le 25 mai la création du mouvement Action-Canada.

28 mai Nouvelle ère de coopération entre le Canada et l'Union soviétique, est-il annoncé à Léningrad, où se trouve en visite le Premier ministre Elliott-Trudeau. C'est la première fois qu'un Premier ministre canadien en fonction visite l'Union soviétique.

2 juin Le chef syndicaliste Michel Chartrand est acquitté d'une accusation d'outrage au tribunal.

4 juin Vente de 235 millions de dollars de blé canadien à l'URSS.

16 juin La septième conférence sur la Constitution du Canada prend fin à Victoria, en Colombie britannique. Le Premier ministre Elliott-Trudeau déclare que l'opinion nationaliste du Québec a empêché l'insertion d'une garantie des droits à la langue et à l'enseignement du choix des minorités dans l'esquisse d'une nouvelle constitution étudiée à Victoria. A Québec, le Premier ministre Bourassa et son cabinet rejettent de justesse la charte de Victoria, quelques jours plus tard.

Mi-juin Débat acrimonieux à l'Assemblée nationale du Québec sur le bill 50 créant la Société de développement de la Baie de James. La FTQ déclare qu'un sixième du Québec vivra désormais sous un régime dictatorial;

l'opposition s'étend à presque tous les milieux, même à l'Hydro-Québec.

23 juin Défaite des libéraux aux mains des néo-démocrates aux élections provinciales de Saskatchewan.

24 juin Les célébrations de la Saint-Jean à Montréal se terminent par un nettoyage en règle du Vieux-Montréal par la police. Une enquête sera créée et le tout débouchera devant les tribunaux.

6 juillet Le Québec abaisse l'âge légal de vingt à dix-huit ans pour la consommation de spiritueux.

23 juillet Arrivée à Ottawa du premier ambassadeur de la Chine au Canada. Les lettres de créance de M. Huang Hua sont acceptées.

1er août Fin de la censure du courrier des prisonniers des institutions pénales fédérales canadiennes.

4 août Entente Canada-URSS conclue sur la création d'un comité conjoint de recherches scientifiques sur l'Arctique.

16 août Le ministère de la Justice du Québec suspend les accusations portées contre trente-deux personnes arrêtées en octobre 1970 en vertu de la Loi des mesures de guerre.

19 août Le Premier ministre Trudeau rentre précipitamment d'Europe à la suite de la surtaxe américaine de dix pour cent sur les importations.

24 août Le Canada décide d'abandonner les escadrons de missiles Bomarc.

26 août Un comité spécial du Gouvernement recommande d'adoucir la législation sur la consommation des drogues au Canada, ainsi que le démembrement de la Compagnie des Jeunes Canadiens.

30 août Les Progressistes-conservateurs prennent le pouvoir aux élections provinciales d'Alberta.

20 septembre Mise à pied de deux mille employés de General Motors du Canada, notamment à Sainte-Thérèse, au nord de Montréal, le tout à compter du premier novembre.

21 septembre   Gabriel Loubier déclare que l'Union nationale va jouer le tout pour le tout. « Reprendre le pouvoir ou disparaître », dit-il; il rappelle Marcel Masse à l'ordre en disant qu'il n'admet pas que ce dernier joue les francs-tireurs.

22 septembre   Bernard Lortie, un étudiant de 19 ans, est trouvé coupable de l'enlèvement de Pierre Laporte.

23 septembre   Le Premier ministre Elliott-Trudeau déclare à la télévision que les Etats-Unis ne s'intéressent pas aux effets de leur politique économique sur le Canada.

10 octobre   Au congrès canadien du Crédit social à Hull, Réal Caouette est confirmé leader de cette formation politique.

16 octobre   Le Premier ministre Kossyguine, d'Union soviétique, arrive en tournée au Canada; il se tirera sain et sauf d'un attentat perpétré alors qu'il sortait du Parlement fédéral.

21 octobre   Une vague populaire reporte les Progressistes-conservateurs au pouvoir en Ontario.

25 octobre   L'Union nationale change de nom: l'Unité-Québec.

27 octobre   Suspension indéfinie de la publication du quotidien La Presse par décision de la direction.

28 octobre   Les Progressistes-conservateurs battent les Libéraux aux élections provinciales de Terre-Neuve.

29 octobre   Grande manifestation dans les rues de Montréal contre la direction du quotidien La Presse et Power Corporation. Plusieurs des milliers de manifestants et des policiers sont blessés. Une femme meurt d'une crise d'asthme. Nombreuses arrestations.

30 octobre   Après 95 ans d'existence, The Toronto Telegram publie son dernier numéro.

1er novembre	Les présidents de la CSN, de la CEQ et de la FTQ, au cours d'une conférence de presse conjointe, répudient les syndicats de policiers « dont les membres ont cessé d'être salariés comme les autres pour devenir des bouchers au service du pouvoir ». Les trois centrales font allusion à l'attitude de la police lors de la manifestation syndicale contre La Presse-Power Corporation.
15 novembre	René Lévesque répudie les outrances des extrémistes et invite les radicaux à quitter le Parti québécois.
16 novembre	Les Provinces canadiennes sortent unanimement mécontentes de la conférence fédérale-provinciale sur les questions économiques et demandent une plus grande participation à la gestion de l'économie du Canada.
	La revue Canadian Forum publie le contenu d'un rapport fédéral secret recommandant qu'on autorise une agence gouvernementale à bloquer les investissements étrangers au Canada.
	Une statistique du ministère de l'Education montre que l'application du bill 63, en sa première année, a eu l'effet contraire de son présumé but: la promotion du français au Québec.
18 novembre	Bernard Lortie est condamné à vingt ans de prison pour sa participation à l'enlèvement de Pierre Laporte.
Fin novembre	La cellule terroriste Narcisse Cardinal revendique la paternité d'un attentat à la bombe survenu aux anciens locaux de l'escouade anti-émeute de Montréal.
1er décembre	A son congrès annuel, la FTQ demande aux syndiqués du Québec de revenir aux sources du syndicalisme et de faire de l'action politique directe. Front commun inter-syndical scellé.
	Le ministre des Affaires municipales du Québec annonce pour 1972 le regroupement des 29 municipalités de Montréal en sept villes.
	Les trois partis d'opposition du Québec demandent le

rappel du bill 63; le Gouvernement libéral refuse mais il se verra forcé d'ajourner sans avoir réussi à faire adopter le bill 28.

15 décembre Pierre Vallières, depuis sa clandestinité, annonce qu'il rejette désormais la violence et veut adhérer au Parti québécois.

25 décembre Naissance de Justin-Pierre Trudeau, à Ottawa . . .

29 décembre A la Communauté urbaine de Montréal, les banlieues aisées de Montréal rejettent le budget commun des municipalités pour l'année à venir. Le président du comité exécutif de la CUM, M. Saulnier, visiblement ébranlé, déclare que les banlieues à l'aise, surtout vers l'ouest de l'île, devront donner la main aux régions pauvres, qu'une minorité privilégiée devra apprendre à aider une majorité moins fortunée, sans quoi des problèmes sérieux sont à l'horizon. Le budget demeure refusé par les dites banlieues.

RELEVÉS ET STATISTIQUES

On trouvera ici, sommairement regroupées, avec leur origine respective, des statistiques permettant d'avoir un rapide coup d'œil sur la situation économique et démographique du groupe français au Canada.

I. Les Francophones au Canada*

IA. Pourcentage de la population de langue maternelle française au Canada et dans les Provinces, au recensement fédéral de 1961.

Canada: 28.1%
Terre-Neuve: 0.7%
Ile-du-Prince-Edouard: 7.6%
Nouvelle-Ecosse: 5.4%
Nouveau-Brunswick: 35.2%
Québec: 81.2%
Ontario: 6.8%
Manitoba: 6.6%
Saskatchewan: 3.9%
Alberta: 3.2%
Colombie britannique: 1.6%
Yukon et Territoires du Nord-Ouest: 3.8%

IB. Taux d'assimilation des Canadiens français à l'anglais au Canada.

	1931	1941	1951	1961
Canada..........................	4.7%	5.8%	7.9%	9.9%
Terre-Neuve..................	—	—	78.0%	85.2%
Ile-du-Prince-Edouard...	22.6%	29.0%	46.3%	51.1%
Nouvelle-Ecosse.............	32.0%	39.6%	49.1%	56.9%
Nouveau-Brunswick......	5.0%	6.5%	9.0%	12.1%
Québec..........................	0.6%	1.0%	1.3%	1.6%
Ontario..........................	22.1%	25.0%	31.2%	37.7%

(*) Rapport de la commission royale d'enquête sur le bilinguisme et le biculturalisme, livre premier, Les langues officielles.

Manitoba	12.1%	14.5%	22.4%	30.3%
Saskatchewan	18.9%	23.4%	32.6%	43.2%
Alberta	25.5%	29.7%	39.4%	49.7%
Colombie britannique ...	50.4%	53.6%	56.8%	64.7%
Yukon et Territoires du N.-O.	—	—	—	46.6%

IC. Hypothèse d'assimilation des Francophones au Canada **sans le Québec,** de 1951 à 1991. (*)

Hypothèse	Faible	Moyenne	Forte
1951	35.7%	35.7%	35.7%
1961	45.0%	45.0%	45.0%
1971	52.6%	54.3%	56.0%
1981	59.7%	63.7%	67.5%
1991	65.5%	72.9%	80.3%

II. Les Francophones au Québec

IIA. Pourcentage des Francophones au Québec, suivant une hypothèse favorable et une hypothèse défavorable. (*)

Année	Favorable	Défavorable
1961	82.3%	82.3%
1971	81.8%	80.7%
1981	80.8%	77.6%
1986	80.4%	76.0%
2000	79.2%	71.6%

(*) Robert Maheu, Les Francophones au Canada, 1941-1991, thèse présentée à l'Université de Montréal, 1968, p. 500.

(*) Charbonneau, H., Henripin, J., Légaré, J., « La situation démographique des Francophones au Québec et à Montréal d'ici l'an 2000 », Le Devoir, 4 novembre 1969.

IIB. Les salariés au Québec suivant leur langue maternelle. (*)

Niveau de salaire	Nombre	Français	Anglais
Tous les salariés	4,342	70	30
5,000 à 6,499	1,704	82	18
6,500 à 7,999	1,309	76	24
8,000 à 9,999	773	61	39
10,000 à 11,999	266	42	58
12,000 à 14,999	158	35	65
15,000 et + ...	132	23	77

IIC. La dénalité québécoise. (*)

Les plus récentes statistiques du Service de la démographie du ministère de la Santé du Québec montrent que le taux de fécondité au Québec, depuis 1960, a baissé de plus de 50 pour cent dans certaines catégories d'âge et que cette diminution s'accentue chez les femmes âgées de plus de trente ans.

De multiples facteurs expliquent cette chute importante: la tendance à une diminution du nombre d'enfants par famille, une proportion plus faible de femmes mariées au Québec que dans l'ensemble du Canada, l'augmentation constante du nombre de femmes mariées sur le marché du travail, la hausse du coût de la vie et l'urbanisation croissante de la population.

Groupe d'âge	15-19	20-24	25-29	30-34	35-39	40-44	45-49
1960	33.3	199.6	200.5	158.2	100.3	37.3	3.7
1963	29.9	194.1	204.6	146.4	87.3	32.0	3.0
1968	22.0	127.4	36.7	84.0	45.8	15.3	1.8

IID. Les manuels scolaires au Québec. (*)

Le problème des manuels est complexe et difficile à résoudre, de par notre insertion dans le monde nord-américain et notre situation de minorité française face à la masse anglaise du con-

(*) Morrisson, « Large Manufacturing Firms ».

(*) Sept Jours, 15 novembre 1969.

tinent. Toutefois, nous nous devons de rappeler et de déplorer que l'école française elle-même au Québec est un instrument d'anglicisation et de dépersonnalisation et qu'on tarde beaucoup à redresser cette situation anormale. Les chiffres parus en 1967 dans EDUCATION QUEBECOISE ne sont que trop éloquents. Exception faite des manuels de français, voici comment se répartissaient les manuels scolaires selon la langue:

Degré	Traduits en français	Manuels anglais	Manuels français
élémentaire............................	33.3%	0.0%	66.7%
secondaire..............................	10.5%	27 %	62.5%
enseignement professionnel..	10 %	50.2%	39.8%
écoles normales......................	5.2%	39.6%	55.2%
CEGEP...................................	12.3%	59.5%	29.2%
CEGEP techniques...............	20.7%	72.9%	6.4%

(Le tableau ne nous renseigne pas sur l'enseignement supérieur ni sur la qualité de la langue qu'on emploie en français . . .)

III. Les Francophones à Montréal

IIIA. Pourcentage des Francophones dans la **région métropolitaine de Montréal.** (*)

Année	Hypothèse favorable	Hypothèse défavorable
1961	66.4%	66.4%
1966	66.2%	65.9%
1971	66.0%	64.9%
1976	65.2%	62.8%

(*) Mémoire de l'Association québécoise des professeurs de français, septembre 1970.

(*) Source: voir IIA.

Note: A souligner ici qu'il s'agit de la REGION de Montréal; on peut penser que déjà le pourcentage des Francophones dans la VILLE seule de Montréal est déjà inférieur à 60%, selon certains renseignements.

1981	64.3%	60.5%
1986	63.2%	58.2%
2000	60.0%	52.7%

IIIB. Distribution numérique et proportionnelle des élèves d'une origine ethnique autre que française et britannique (les néos), entre les classes françaises et anglaises de la CECM. (*)

	Classes françaises Inscriptions	%	Classes anglaises Inscriptions	%	Total
1930-31	3,713	53.2	3,261	46.8	6,974
1935-36	3,896	49.0	4,053	51.0	7,949
1940-41	3,052	40.9	4,414	59.1	7,466
1945-46	2,203	35.8	3,956	64.2	6,159
1950-51	2,287	34.3	4,390	65.7	6,617
1955-56	3,921	30.7	8,866	69.3	12,787
1961-62	5,922	25.5	17,287	74.5	23,209
1966-67	4,880	15.9	25,724	84.1	30,604
1967-68	3,422	10.7	28,492	89.3	31,914

Note: Et les lucides Gouvernements du Québec ne nous avaient pas encore dotés, en 1967, de lois (63 et cie) « protégeant le français au Québec » et laissant le libre choix aux parents pour la langue d'enseignement de leurs enfants.

(*) Service de recherches et statistiques, rapport de la CECM.

INDEX DÉTAILLÉ

Achevé d'imprimer sur les presses de
L'IMPRIMERIE ELECTRA
pour
LES EDITIONS DE L'HOMME LTÉE

Ouvrages parus
chez les Éditeurs du groupe Sogides

Ouvrages parus aux
ÉDITIONS
DE L'HOMME

La bibliothèque du
MONDE NOUVEAU

Une culture appelée québécoise,
Giuseppe Turi, **2.00**

PUBLICATIONS RÉCENTES OU À
PARAÎTRE PROCHAINEMENT

Droit civil et société hiérarchique,
Laurent Laplante

Les Antipropos, tome II et textes inédits,
Jean Lévesque

HISTOIRE • BIOGRAPHIES • BEAUX-ARTS

**Blow-up des grands de la chanson
au Québec,** M. Maillé, **3.00**

Camillien Houde, H. Larocque, **1.00**

Ce combat qui n'en finit plus,
A. Stanké et J.-L. Morgan, **3.00**

Charlebois, qui es-tu, R. L'Herbier, **3.00**

**Chroniques vécues des modestes origines
d'une élite urbaine,** H. Grenon, **3.50**

Conseils à ceux qui veulent bâtir,
A. Poulin, arch., **2.00**

Des hommes qui bâtissent le Québec,
en collaboration, **3.00**

Félix Leclerc, J.-P. Sylvain, **2.50**

Fête au village, P. Legendre, **2.00**

«J'aime encore mieux le jus de betterave»,
A. Stanké, **2.50**

Le Fabuleux Onassis, C. Cafarakis, **3.00**

Juliette Béliveau, D. Martineau, **3.00**

La Bolduc, R. Benoît, **1.50**

La France des Canadiens, R. Hollier, **1.50**

La mort attendra, A. Malavoy, **1.00**

La vie orageuse d'Olivar Asselin,
(2 tomes), A. Gagnon, **1.00** chacun
(Edition de luxe), **5.00**

Le drapeau canadien, L.-A. Biron, **1.00**

Le vrai visage de Duplessis, P. Laporte, **2.00**

Les Canadians et nous, J. de Roussan, **1.00**

Les Acadiens, E. Leblanc, **2.00**

Les trois vies de Pearson,
J.-M. Poliquin et J. Beal, **3.00**

L'imprévisible Monsieur Houde,
C. Renaud, **2.00**

Michèle Richard raconte Michèle Richard,
M. Richard, **2.50**

Napoléon vu par Guillemin,
H. Guillemin, **2.50**

Notre peuple découvre le sport
de la politique, H. Grenon, **3.00**

On veut savoir, L Trépanier,
(4 tomes), **1.00** chacun

Prague, l'été des tanks,
En collaboration, **3.00**

Premiers sur la lune,
N. Armstrong, M. Collins, E. Aldrin, **6.00**

Prisonnier à l'Oflag 79, Maj. P. Vallée, **1.00**

Québec 1800, En collaboration, **15.00**

Rescapée de l'enfer nazi,
R. Charrier (Madame X), **1.50**

Riopelle, G. Robert, **3.50**

Un Yankee au Canada, A. Thério, **1.00**

LITTERATURE (romans, poésie, théâtre)

Amour, police et morgue, J.-M. Laporte, **1.00**

Bigaouette, Raymond Lévesque, **2.00**

Bousille et les justes, G. Gélinas, **2.00**

Candy, Southern & Hoffenberg, **3.00**

Ceux du Chemin taché, A. Thério, **2.00**

De la Terre à la Lune, J. Verne, **1.50**

Des bois, des champs, des bêtes,
J.-C. Harvey, **2.00**

Dictionnaire d'un Québécois,
C. Falardeau, **2.00**

Ecrits de la taverne Royal,
En collaboration, **1.00**

Gésine, Dr R. Lecours, **2.00**

Hamlet, prince du Québec, R. Gurik, **1.50**

"J'parle tout seul quand j'en narrache",
E. Coderre, **1.50**

La mort d'eau, Y. Thériault, **2.00**

Le printemps qui pleure, A. Thério, **1.00**

L'Ermite, T. L. Rampa, **3.00**

Le roi de la Côte Nord, Y. Thériault, **1.00**

Le vertige du dégoût, E. Pallascio-Morin **1.00**

L'homme qui va, J.-C. Harvey, **2.00**

Les cents pas dans ma tête, P. Dudan, **2.50**

Les commettants de Caridad,
Y. Thériault, **2.00**

Les mauvais bergers, A. Ena Caron, **1.00**

Les propos du timide, A. Brie, **1.00**

Les temps du carcajou, Y. Thériault, **2.50**

Les vendeurs du temple, Y. Thériault, **2.00**

Marche ou crève Carignan, R. Hollier, **2.00**

Mes anges sont des diables,
J. de Roussan, **1.00**

Montréalités, A. Stanké, **1.50**

Ni queue ni tête, M.-C. Brault, **1.00**

Pays voilés, existences, M.-C. Blais, **1.50**

Pomme de pin, L. Pelletier-Dlamini, **2.00**

Pour la grandeur de l'Homme,
C. Péloquin, **2.00**

Prix David, C. Hamel, **2.50**

Tête Blanche, M.-C. Blais, **2.50**

TI-Coq, G. Gélinas, **2.00**

Toges, bistouris, matraques et soutanes,
En collaboration, **1.00**

Topaz, L. Uris, **3.50**

Un simple soldat, M. Dubé, **1.50**

Valérie, Y. Thériault, **2.00**

LINGUISTIQUE

Améliorez votre français, J. Laurin, **2.50**

L'anglais par la méthode choc,
J.-L. Morgan, **2.00**

Le langage de votre enfant,
C. Langevin, **2.50**

Les verbes, J. Laurin, **2.50**

Mirovox, H. Bergeron, **1.00**

Petit dictionnaire du joual au français,
A. Turenne, **2.00**

Savoir parler, R. Salvator-Catta, **2.00**

RELIGION

L'abbé Pierre parle aux Canadiens,
Abbé Pierre, **1.00**

Le chrétien en démocratie,
Abbés Dion et O'Neil, **1.00**

Le chrétien et les élections,
Abbés Dion et O'Neil, **1.50**

L'Eglise s'en va chez le diable
G. Bourgeault, s.j., J. Caron, ptre
et J. Duclos, s.j. **2.00**

LE SEL DE LA SEMAINE (Fernand Seguin)

Louis Aragon, **1.00**
François Mauriac, **1.00**
Jean Rostand, **1.00**

Michel Simon, **1.00**
Han Suyin, **1.00**
Gilles Vigneault, **1.00**

LOISIRS

Apprenez la photographie avec
Antoine Désilets, **3.50**

Bricolage, J.-M. Doré, **3.00**

Camping-caravaning, en collaboration, **2.50**

Cinquante et une chansons à répondre,
P. Daigneault, **2.00**

Guide du Ski, Québec 72,
en collaboration, **2.00**

J'ai découvert Tahiti, J. Languirand, **1.00**

Jeux de société, L. Stanké, **2.00**

Informations touristiques: LA FRANCE,
en collaboration, **2.50**

Informations touristiques: LE MONDE,
en collaboration, **2.50**

Juste pour rire, C. Blanchard, **2.00**

La technique de la photo, A. Desilets, **3.50**

L'hypnotisme, J. Manolesco, **3.00**

Le guide de l'astrologie, J. Manolesco, **3.00**

Le guide de l'auto (1967), J. Duval, **2.00**

  (1968-69-70-71), **3.00** chacun

Course-Auto 70, J. Duval, **3.00**

Le guide du judo (technique au sol),
L. Arpin, **3.00**

Le guide du judo (technique debout),
L. Arpin, **3.00**

Le Guide du self-défense, L. Arpin, **3.00**

Le jardinage, P. Pouliot, **3.00**

Les cabanes d'oiseaux, J.-M. Doré, **3.00**

Les courses de chevaux, Y. Leclerc, **3.00**

Trucs de rangement No 1, J.-M. Doré, **3.00**

Trucs de rangement No 2, J.-M. Doré, **3.00**

« Une p'tite vite! », G. Latulippe, **2.00**

Vive la compagnie!, P. Daigneault, **2.00**

PSYCHOLOGIE PRATIQUE ● SEXOLOGIE

Comment vaincre la gêne et la timidité,
R. Salvator-Catta, **2.00**

Complexes et psychanalyse,
P. Valinieff, **2.50**

Cours de psychologie populaire,
En collaboration, **2.50**

Développez votre personnalité, vous
réussirez, S. Brind'Amour, **2.00**

Hatha-yoga, S. Piuze, **3.00**

Helga, F. Bender, **6.00**

L'adolescent veut savoir,
Dr L. Gendron, **2.00**

L'adolescente veut savoir,
Dr L. Gendron, **2.00**

L'amour après 50 ans, Dr L. Gendron, **2.00**

La contraception, Dr L. Gendron, **2.00**

La dépression nerveuse,
En collaboration, **2.50**

La femme et le sexe, Dr L. Gendron, **2.00**

La femme enceinte, Dr R. Bradley, **2.50**

L'homme et l'art érotique,
Dr L. Gendron, **2.00**

La maman et son nouveau-né,
T. Sekely, **2.00**

La mariée veut savoir, Dr L. Gendron, **2.00**

La ménopause, Dr L. Gendron, **2.00**

La merveilleuse histoire de la naissance,
Dr L. Gendron, **3.50**

La psychologie de la réussite,
L.-D. Gadoury, **1.50**

La sexualité, Dr L. Gendron, **2.00**

La volonté, l'attention, la mémoire,
R. Tocquet, **2.50**

Le mythe du péché solitaire,
J.-Y. Desjardins et C. Crépault, **2.00**

Le sein, En collaboration, **2.50**

Les déviations sexuelles, Dr Y. Léger, **2.50**

Madame est servie, Dr L. Gendron, **2.00**

Les maladies psychosomatiques,
Dr R. Foisy, **2.00**

Pour vous future maman, T. Sekely, **2.00**

Quel est votre quotient psycho-sexuel?,
Dr L. Gendron, **2.00**

Qu'est-ce qu'un homme?,
Dr L. Gendron, **2.00**

Qu'est-ce qu'une femme?,
Dr L. Gendron, **2.50**

Teach-in sur la sexualité,
En collaboration, **2.50**

Tout sur la limitation des naissances,
M.-J. Beaudoin, **1.50**

Votre écriture, la mienne et celle des
autres, F.-X. Boudreault, **1.50**

Votre personnalité, votre caractère,
Y.-B. Morin, **2.00**

Vos mains, miroir de la personnalité,
P. Maby, **3.00**

Yoga, santé totale pour tous,
G. Lescouflair, **1.50**

Yoga Sexe, Dr L. Gendron, S. Piuze, **3.00**

SCIENCES NATURELLES

La taxidermie, J. Labrie, **2.00**

Les mammifères de mon pays,
J. St-Denys Duchesnay et R. Dumais, **2.00**

Les poissons du Québec,
E. Juchereau-Duchesnay, **1.00**

SCIENCES SOCIALES ● POLITIQUE

Bourassa-Québec, R. Bourassa, **1.00**

Connaissez-vous la loi?, R. Millet, **2.00**

Dynamique de Groupe, J. Aubry, s.j., et
Y. Saint-Arnaud, s.j., **1.50**

Drogues, J. Durocher, **2.00**

Egalité ou indépendance, D. Johnson, **2.00**

F.L.Q. 70: OFFENSIVE D'AUTOMNE,
J.-C. Trait, **3.00**

La Bourse, A. Lambert, **3.00**

La cruauté mentale, seule cause du
divorce?, Dr Y. Léger et
P.-A. Champagne, avocat, **2.50**

La loi et vos droits,
P.-E. Marchand, avocat, **4.00**

La nationalisation de l'électricité,
P. Sauriol, **1.00**

La prostitution à Montréal, T. Limoges, **1.50**

La rage des goof-balls,
A. Stanké et M.-J. Beaudoin, **1.00**

Le budget, En collaboration, **3.00**

L'Etat du Québec, En collaboration, **1.00**

L'étiquette du mariage, M. Fortin-Jacques
et J St-Denys-Farley, **2.50**

Le guide de la finance, B. Pharand, **2.50**

Le savoir-vivre, N. Germain, **2.50**

Le savoir-vivre d'aujourd'hui,
M. Fortin-Jacques, **2.00**

Le scandale des écoles séparées en
Ontario, J. Costisella, **1.00**

Le terrorisme québécois, Dr G. Morf, **3.00**

Les bien-pensants, P. Berton, **2.50**

Les confidences d'un commissaire d'école,
G. Filion, **1.00**

Les hippies, En collaboration, **3.00**

Les insolences du Frère Untel,
Frère Untel, **1.50**

Les parents face à l'année scolaire,
En collaboration, **2.00**

Option Québec, R. Lévesque, **2.00**

Scandale à Bordeaux, J. Hébert, **1.00**

Ti-Blanc, mouton noir, R. Laplante, **2.00**

Une femme face à la Confédération,
M.B. Fontaine, **1.50**

Vive le Québec Libre!, Dupras, **1.00**

VIE QUOTIDIENNE • SCIENCES APPLIQUEES

Aérobix, Dr P. Gravel, **2.00**

Apprenez à connaître vos médicaments,
R. Poitevin, **3.00**

Conseils aux inventeurs, R.-A. Robic, **1.50**

Ce qu'en pense le notaire,
Me A. Senay, **2.00**

Comment prévoir le temps, Eric Neal, **1.00**

Couture et tricot, En collaboration, **2.00**

Cuisine française pour Canadiens,
R. Montigny, **3.00**

Embellissez votre corps, J. Ghedin, **1.50**

Embellissez votre visage, J. Ghedin, **1.50**

En cuisinant de 5 à 6, Juliette Huot, **2.00**

Encyclopédie des antiquités du Québec,
M. Lessard et H. Marquis, **6.00**

Encyclopédie du jardinier horticulteur
W.H. Perron, **6.00**

Exercices pour rester jeune, T. Sekely, **2.00**

Fondues et flambées de maman Lapointe,
S. Lapointe, **2.00**

L'art de vivre en bonne santé,
Dr W. Leblond, **3.00**

La cellulite, Dr G.-J. Léonard, **3.00**

Le charme féminin, D. M. Parisien, **2.00**

La chirurgie plastique esthétique,
Dr A. Genest, **2.00**

La conquête de l'espace, J. Lebrun, **5.00**

**La cuisine canadienne avec la farine
Robin Hood, 2.00**

La cuisine chinoise, L. Gervais, **2.00**

La cuisine de Maman Lapointe,
S. Lapointe, **2.00**

La cuisine en plein air,
H. Doucet-Leduc, **2.00**

La cuisine italienne, Tommy Tomasso, **2.00**

La dactylographie, W. Lebel, **2.00**

La décoration intérieure, J. Monette, **3.00**

La femme après 30 ans, N. Germain, **2.50**

La femme émancipée,
N. Germain et L. Desjardins, **2.00**

La médecine est malade, Dr L. Joubert, **1.00**

La météo, A. Ouellet, **3.00**

La retraite, D. Simard **2.00**

La/Le secrétaire bilingue, W. Lebel, **2.50**

La sécurité aquatique, J.-C. Lindsay, **1.50**

Leçons de beauté, E. Serei, **2.50**

Le guide complet de la couture,
L. Chartier, **3.50**

Le Vin, P. Pétel, **3.00**

Les Cocktails de Jacques Normand,
Jacques Normand, **2.00**

**Les grands chefs de Montréal et leurs
recettes,** A. Robitaille, **1.50**

Les greffes du coeur, En collaboration, **2.00**

Les médecins, l'Etat et vous,
Dr R. Robillard, **2.00**

**Les recettes à la bière des grandes
cuisines Molson,** M.-L. Beaulieu, **2.00**

Les recettes de Maman Lapointe,
S. Lapointe, **2.00**

Les soupes, C. Marécat, **2.00**

Madame reçoit, H. Doucet-LaRoche, **2.50**

Mangez bien et rajeunissez, R. Barbeau, **2.00**

Médecine d'aujourd'hui,
Me A. Flamand, **1.00**

Poids et mesures, L. Stanké, **1.50**

Pourquoi et comment cesser de fumer,
A. Stanké, **1.00**

Recettes « au blender », J. Huot, **3.00**

Regards sur l'Expo, R. Grenier, **1.50**

Régimes pour maigrir, M.-J. Beaudoin, **2.50**

Savoir se maquiller, J. Ghedin, **1.50**

Soignez votre personnalité, Messieurs,
E. Serei, **2.00**

Tenir maison, F. Gaudet-Smet, **2.00**

36-24-36, A. Coutu, **2.50**

Tous les secrets de l'alimentation,
M.-J. Beaudoin, **2.50**

Vins, cocktails, spiritueux, G. Cloutier, **2.00**

Vos cheveux, J. Ghédin, **2.50**

Vos dents, Drs Guy Déom et
P. Archambault, **2.00**

Vos vedettes et leurs recettes,
G. Dufour et G. Poirier, **3.00**

SPORTS

La natation, M. Mann, **2.50**

La pêche au Québec, M. Chamberland, **3.00**

Le baseball, En collaboration, **2.50**

Le football, En collaboration, **2.50**

Le golf, J. Huot, **2.00**

Le ski, En collaboration, **2.50**

Le tennis, W.-F. Talbert, **2.50**

Les armes de chasse, Y. Jarretie, **2.00**

Monsieur Hockey, G. Gosselin, **1.00**

Tous les secrets de la chasse,
M. Chamberland, **1.50**

Tous les secrets de la pêche,
M. Chamberland, **2.00**

TRAVAIL INTELLECTUEL

Dictionnaire de la loi, R. Millet, **2.00**

Dictionnaire des affaires, W. Lebel, **2.00**

Dictionnaire en 5 langues, L. Stanké, **2.00**

PUBLICATIONS RÉCENTES OU À PARAÎTRE PROCHAINEMENT

En attendant mon enfant,
Y.P. Marchesseault

Pour entretenir la flamme, T.L. Rampa

Les Rêves, L. Stanké

Ouvrages parus a
L'ACTUELLE

Aaron, Y. Thériault, **2.50**

Agaguk, Y. Thériault, **3.00**

Carré Saint-Louis, J.-J. Richard, **3.00**

Crimes à la glace, P.-S. Fournier, **1.00**

Cul-de-sac, Y. Thériault, **3.00**

Danka, M. Godin, **3.00**

D'un mur à l'autre, P.-A. Bibeau, **2.50**

Et puis tout est silence, C. Jasmin, **3.00**

Feuilles de thym et fleurs d'amour,
M. Jacob, **1.00**

La fille laide, Y. Thériault, **3.00**

Le Bois pourri, A. Maillet, **2.50**

Le dernier havre, Y. Thériault, **2.50**

Le domaine Cassaubon (prix de l'Actuelle
1971), G. Langlois, **3.00**

Le dompteur d'ours, Y. Thériault, **2.50**

Le jeu des saisons,
M. Ouellette-Michalska, **2.50**

Les demi-civilisés, J.-C. Harvey, **3.00**

Les visages de l'enfance, D. Blondeau, **3.00**

L'Outaragasipi, C. Jasmin, **3.00**

Mourir en automne, C. DeCotret, **2.50**

N'Tsuk, Y Thériault, **2.00**

Tayaout, fils d'Agaguk, Y. Thériault, **2.50**